Business Model Generation

WORKBOOK

今津 美樹

Contents

Business Model Generation WORKBOOK

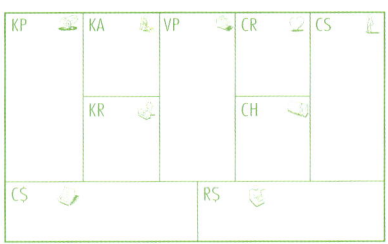

本書の読み方 5

INTRODUCTION
巻頭マンガ
BMGはやわかり 6

INTERVIEW
「キャンバス」の生みの親が語る、『ビジネスモデル・ジェネレーション』誕生の背景
原著者インタビュー **イヴ・ピニュール氏** 16
導入企業インタビュー1 **コクヨ株式会社** 22
導入企業インタビュー2 **富士通株式会社** 24
導入企業インタビュー3 **株式会社エスイーシー** 26

PART 1 Tutorial
チュートリアル

- ビジネスモデル・ジェネレーションの基本 30
- BMG活用の流れと手順 32
- 4つのステップを試してみよう 34
- キャンバスの基本と記述方法を理解しよう 36
- キャンバスの各ブロックを記述するための考え方　その1 38
- キャンバスの各ブロックを記述するための考え方　その2 40
- ビジネスモデル・キャンバスを描いてみよう　その1 42
- ビジネスモデル・キャンバスを描いてみよう　その2 44
- **ケース1** 現状把握のためのキャンバス 46
- **ケース2** イノベーションのためのキャンバス 48

PART 2 Business Case
ケース別実践事例：組織、企業のBMG活用例

- 企業や組織におけるBMGの活用 …………………………………………… 52
- ワークショップやグループディスカッションの重要性 …………………… 54
- 実践のヒント　導入から運用までの流れと実務への活用方法 ………… 56
- ケース１−１　新規事業を立ち上げる ……………………………………… 58
- ケース１−２　ブルー・オーシャンをいかに見つけ出すか ……………… 60
- ケース２−１　顧客セグメントを開拓するためのプロジェクトを想定したキャンバスの利用例 …… 62
- ケース２−２　新たな顧客セグメントだけにフォーカスしたLCC ……… 64
- ケース３−１　事業の国外展開事例　その１ ……………………………… 66
- ケース３−２　事業の国外展開事例　その２ ……………………………… 68
- ケース４−１　商品開発プロジェクトへの活用例 ………………………… 70
- ケース４−２　価値提案を見直す …………………………………………… 72
- ビジネスモデル・イノベーションのための戦略とは …………………… 74
- 顧客インサイトを共感マップで分析しよう ……………………………… 76
- 共感マップの使い方 ………………………………………………………… 78
- 企業研修で企画・開発に活用する ………………………………………… 80
- 管理職研修の実施 …………………………………………………………… 82
- 中堅社員向け研修の実施 …………………………………………………… 84
- 新人社員向け研修の実施 …………………………………………………… 86

PART 3 Personal Case
シチュエーション別実践事例：
個人スキルアップのBMG活用例

- SOHOや個人でのBMG活用 ………………………………………………… 90
- 新規事業のキャンバスを記述する ………………………………………… 92
- ケース１−１　新規ビジネスを立ち上げる ………………………………… 94
- ケース１−２　新規事業のキャンバスを見直す …………………………… 96
- ケース２−１　営業戦略に活用する ………………………………………… 98
- ケース２−２　ビジネスモデルを横展開する …………………………… 100
- ケース２−３　キャンバスによる問題解決 ……………………………… 102
- プレゼンを成功させる …………………………………………………… 104
- 自分自身を客観的に分析する／売り込む ……………………………… 106
- 転属や転職を検討する …………………………………………………… 108
- ケース３−１　ソフトウェアの保守エンジニアの例 …………………… 110
- ケース３−２　キーリソースに着目する ………………………………… 112
- ケース４−１　専門職のキャンバス例 …………………………………… 114
- ケース４−２　起業の可能性を見極める ………………………………… 116

Contents

PART 4 Practice
ビジネスモデルをデザイン・運用する

- 5つのフェーズでビジネスモデルをデザインしよう ……………………… 120
- フェーズ1　準備＝情報収集・チーム結成を行う ………………………… 122
- フェーズ2　理解＝調査・分析を行う ……………………………………… 124
- フェーズ3　デザイン＝プロトタイプを作成する ………………………… 126
- フェーズ4　プロトタイプを実行する ……………………………………… 128
- フェーズ5　ビジネスモデルを管理する …………………………………… 130

PART 5 Technique
いろいろなテクニックでBMGキャンバスを使いこなす

- ビジュアルシンキングの重要性 …………………………………………… 134
- 図やイラストを活用する …………………………………………………… 136
- 動画を活用する ……………………………………………………………… 138
- 写真を活用する ……………………………………………………………… 140
- より深い理解のためのテクニック ………………………………………… 142
- アイデア出しの方法 ………………………………………………………… 144

PART 6 Sample
BMGキャンバスの実例サンプル

- サンプル1　楽天市場　〜成長を続けるビジネスモデル〜 ……………… 148
- サンプル2　@コスメ（アットコスメ）　〜広告収入型収益モデル〜 …… 150
- サンプル3　コストコホールセール　〜会員制ビジネスモデル〜 ……… 152
- サンプル4　DHC　〜チャネル変化型戦略モデル〜 ……………………… 154
- サンプル5　移動スーパー　〜在庫活用型ビジネス〜 …………………… 156
- サンプル6　語学教師　〜海外起業型ビジネス〜 ………………………… 158
- サンプル7　企業広報担当者　〜自分の価値をビジュアル化する〜 …… 160
- サンプル8　WEBデザイナー　〜フリーランスのキャンバス〜 ………… 162
- サンプル9　医療事務スタッフ　〜天職の認識と転職〜 ………………… 164

Appendix 付録

- ビジネスモデル・ジェネレーションの理解を深める参考書とツール紹介 ……………… 168

本書の読み方

本書は以下の構成になっています。

PART 1
チュートリアル

ビジネスモデル・ジェネレーションの基本的な考え方とその中心となって活用するキャンバスの理解を深めていきます。BMGをはじめて知った方もこのパートを一読すれば、概要を理解できます。

PART 2
ケース別実践事例：組織、企業のBMG活用例

ビジネスモデル・ジェネレーションを企業やプロジェクトなど組織で活用する場合の手順やキャンバスの記述例についてご紹介します。

PART 3
シチュエーション別実践事例：個人スキルアップのBMG活用例

ビジネスモデル・ジェネレーションを個人のスキルアップや起業など様々なシーンで活用する方法についてご紹介します。

PART 4
ビジネスモデルをデザイン・運用する

ビジネスモデルを理解し運用していくためのデザインプロセスをしっかり把握し、モデリングアプローチを意識しながらビジネスを推進していることを確認していきます。

PART 5
いろいろなテクニックでBMGキャンバスを使いこなす

ビジネスモデル・ジェネレーションを活用するうえで、より効果をあげるためのテクニックやヒントをご紹介します。

PART 6
BMGキャンバスの実例サンプル

企業や組織、個人などキャンバスの記入例をご紹介します。自身の企業を分析していて行き詰った場合など、この章に掲載されている他社の事例を参考にしてみてください。

BMG Comic はやわかり

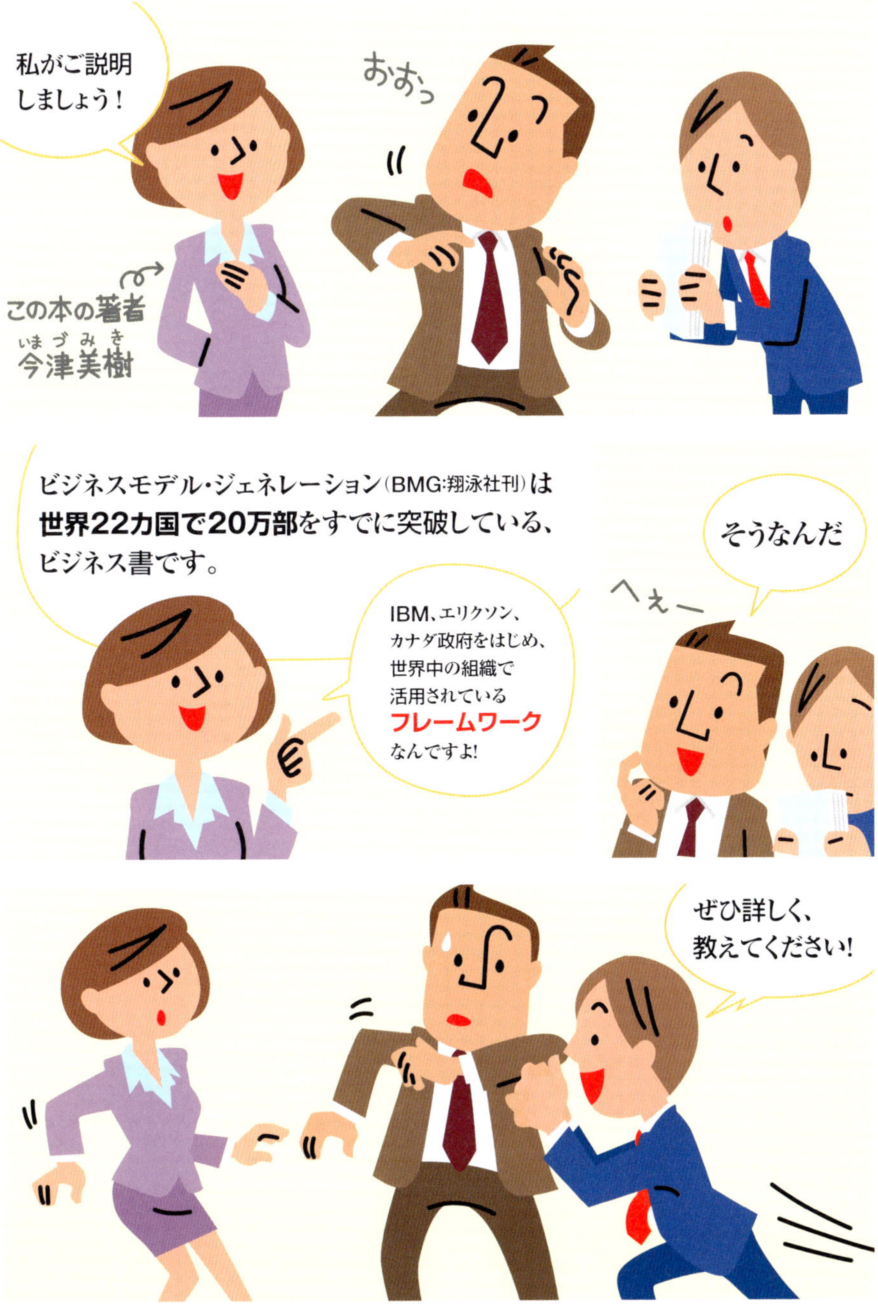

BMG Comic はやわかり

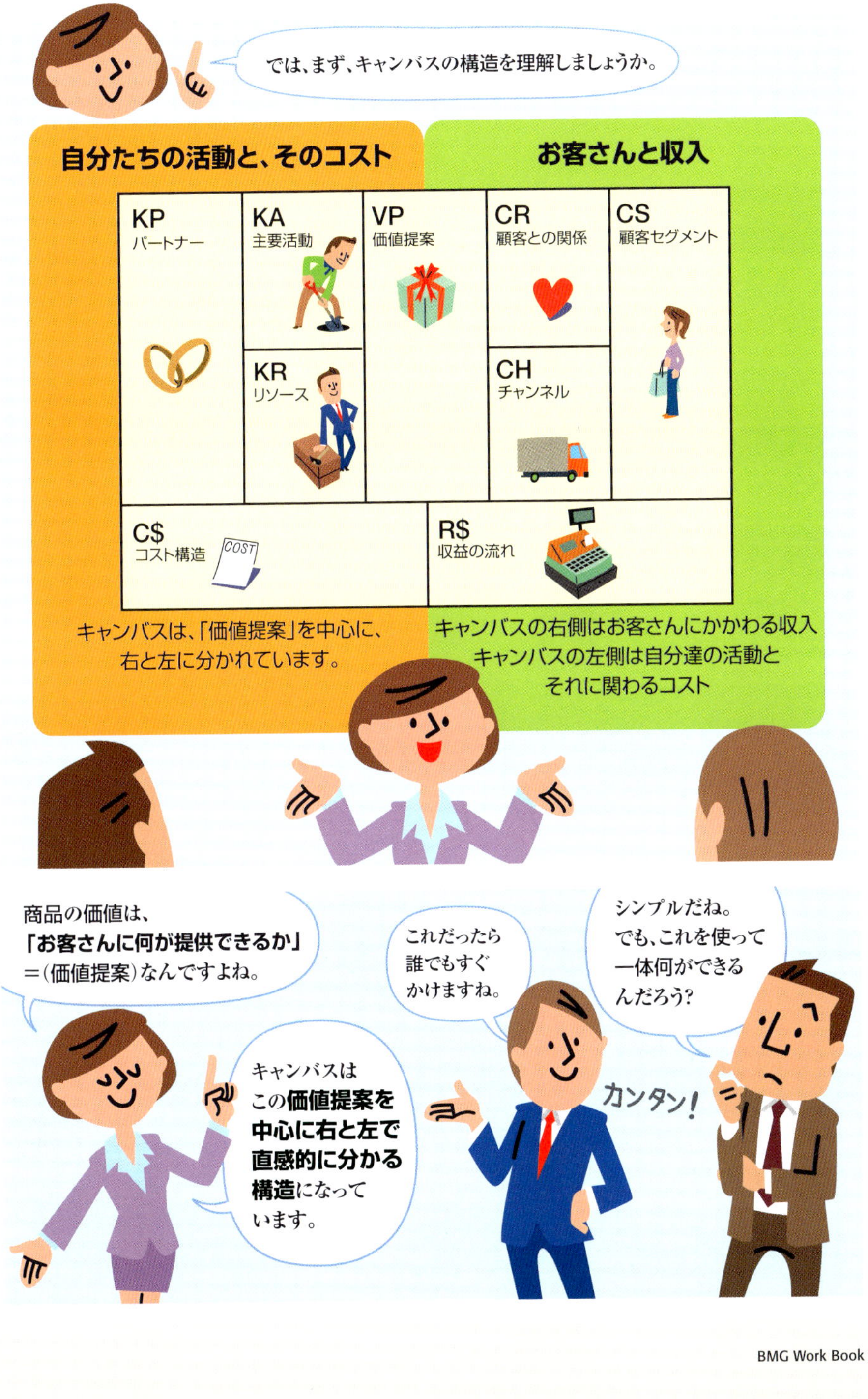

では、まず、キャンバスの構造を理解しましょうか。

キャンバスは、「価値提案」を中心に、右と左に分かれています。

キャンバスの右側はお客さんにかかわる収入
キャンバスの左側は自分達の活動とそれに関わるコスト

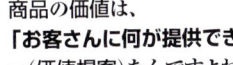

商品の価値は、
「**お客さんに何が提供できるか**」
＝（価値提案）なんですよね。

これだったら誰でもすぐかけますね。

シンプルだね。
でも、これを使って一体何ができるんだろう？

キャンバスは
この価値提案を中心に右と左で直感的に分かる構造になっています。

カンタン！

BMG Comic はやわかり

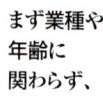

まず業種や年齢に関わらず、

みんなでディスカッションできる共通の言語としてキャンバスは使えます。

キャンバスのメリットですね

社内外のプレゼンツールとしても使えそうですね！

なるほど！

ウチの会議とかで使いたいねー。もっと早く知っていれば…

でも、**「現状分析」**だったら書き込むだけでわかりますね！

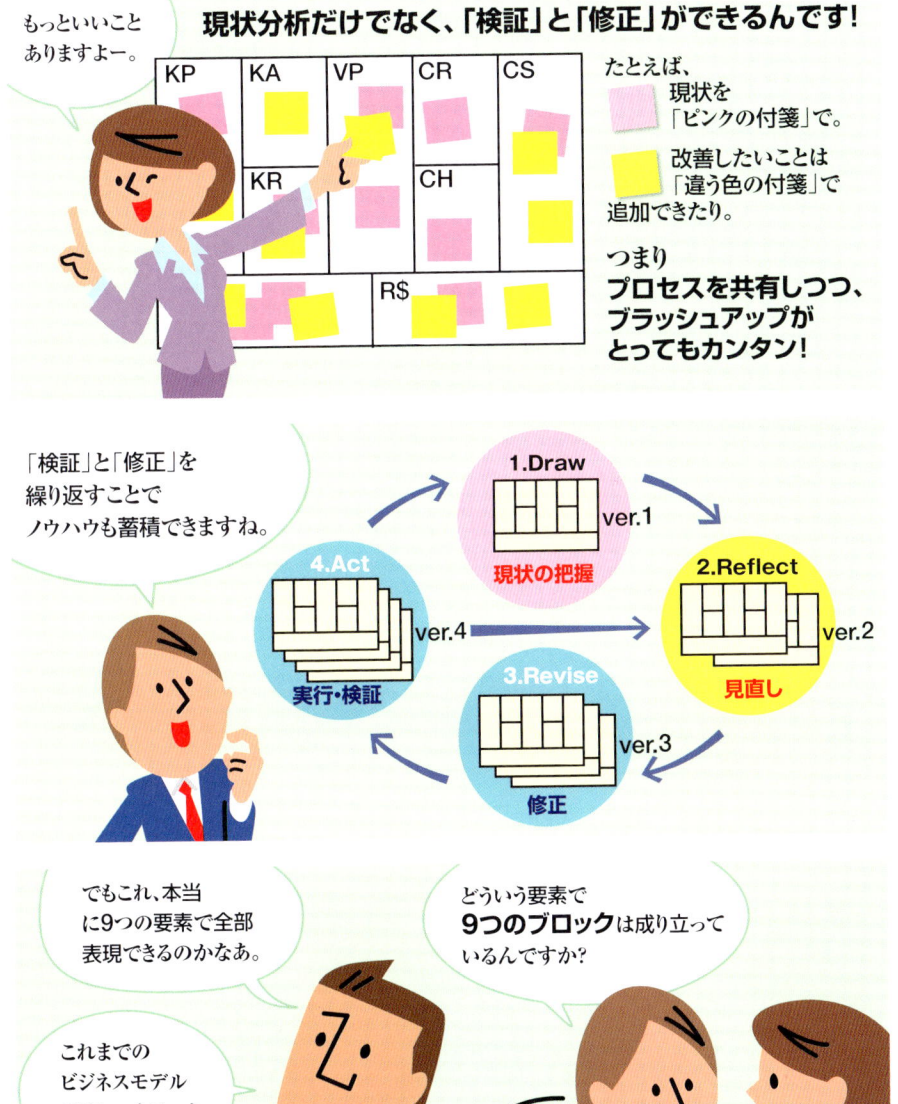

BMG Comic はやわかり

構造が理解できるよう、まずは
キャンバスで検討する時の書き込み方
からみていきましょうか。

1～4がちゃんと描ければ、R$(収入の流れ)も分かりますね。
つまりちゃんとビジネスが展開されているということです。

お金に関わる1～3がちゃんと描ければ、
C$(コスト構造)もわかります

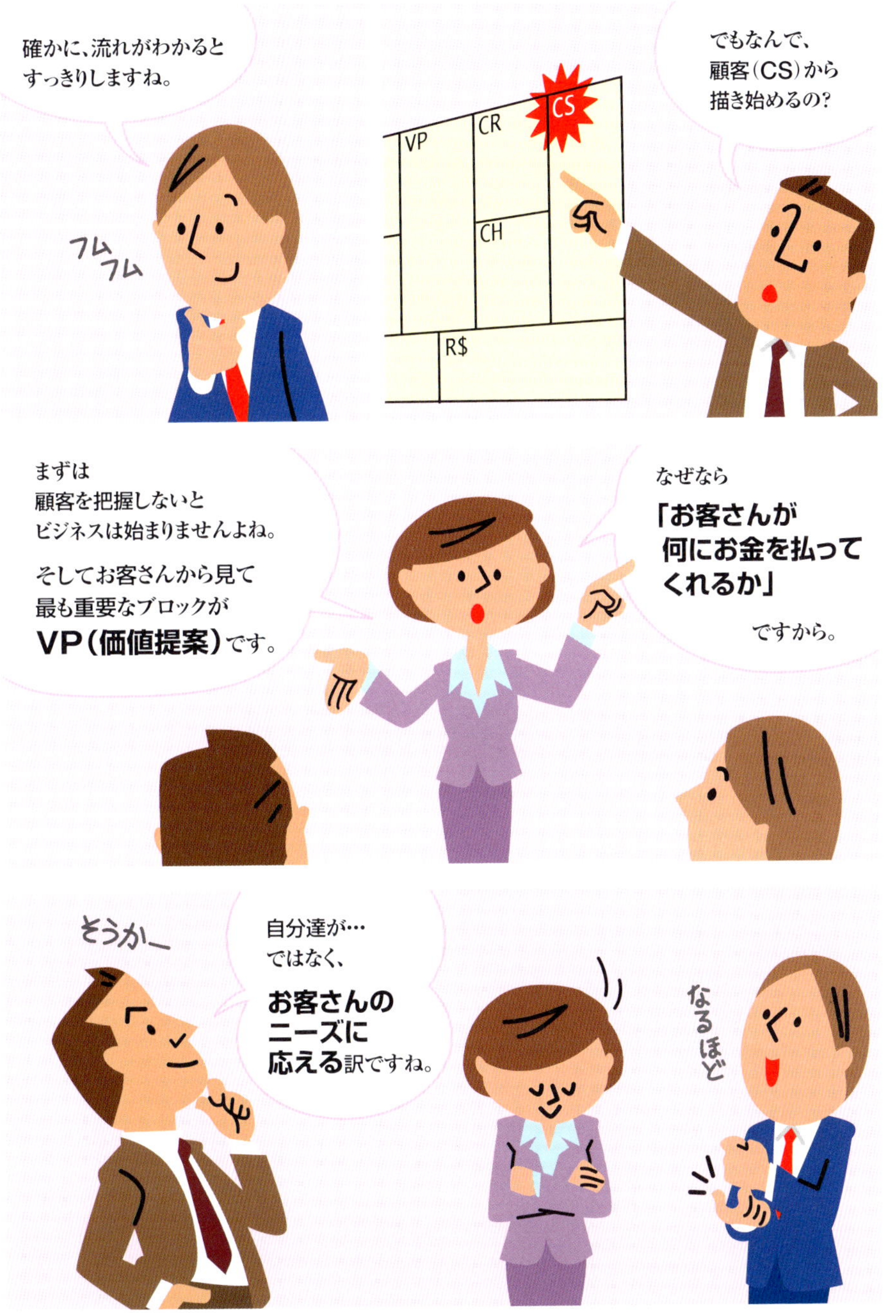

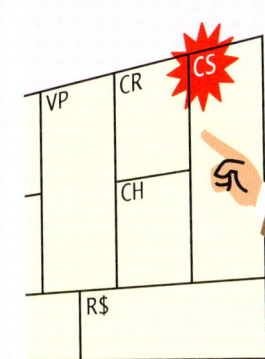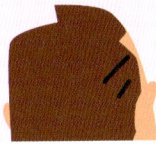

BMG Comic はやわかり

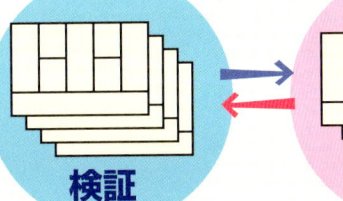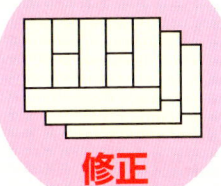

Interview original author of BMG

「キャンバス」の生みの親が語る、『ビジネスモデル・ジェネレーション』誕生の背景

『ビジネスモデル・
ジェネレーション』
原著者インタビュー

Yves Piegeur氏
聞き手:今津美樹

Yves Piegeur（イヴ・ピニュール）

ローザンヌ大学教授
1984年より、ローザンヌ大学経営情報システム部教授。ジョージア州立大学、香港科技大学、ブリティッシュ・コロンビア大学客員教授。学術誌『Systèmes d' Information and Management(SIM)』の編集長、世界的ベストセラー『ビジネスモデル・ジェネレーション』はアレックス・オスターワルダーとの共著。ベルギー・ナミュール大学で博士号取得。
http://hecshost.unil.ch/ypigneur/

ビジネスモデル・ジェネレーションはどのようにして生まれたか?

今津:『ビジネスモデル・ジェネレーション』は、原著の制作過程も既存の出版物とは違う制作過程を経たユニークな成り立ちです。中でも中核をなす「キャンバス」はどのような経緯で作成されたのでしょうか?
Yves氏:90年代のドットコムブームの際、多くのインターネットビジネスの起業を目の当たりにしました。当時、私はエンジニアリングスクールで教えていましたが、ビジネスに特化したコースは、存在しておらず、ビジネスプランを書こうとする学生から多くの相談を受けました。具体的にどうすればよいか、アドバイスを行うために学生たちに質問をするのですが、ほんとどのケースで同じような質問を繰り返していることに気が付いたのです。その質問を集約していったところ、9つの同じような要素にまとめることができました。これが、現在のキャンバスの基礎となりました。

今津:『ビジネスモデル・ジェネレーション』は、どのように構想されたのでしょうか?
Yves氏:ビジネスモデルという言葉は、非常にもてはやされていましたが、eビジネスを指す言葉としてとらえられており、きちんとしたモデルが定義されていたわけではなく、標準化されたものもありませんでした。そこで、学生だったアレックス*

に「ビジネスモデルを研究してみたらどうか?」とアドバイスしました。

ビジネスモデルの概念を研究してみると、関係性が複雑でいろいろな考え方がありました。アレックスの博士号の研究はこうした内容がテーマとなり、その論文は学術ジャーナルなどにも出版されました。振り返ると、これが『ビジネスモデル・ジェネレーション』の構想のスタートだったことになります。

＊BMGのコアメンバー　アレックス・オスターワルダー

今津：確かにまだまだ多くの方が、eビジネスの収益構造が「ビジネスモデル」と思っていたり、なんだか難しい概念だと考えているのではないでしょうか。『ビジネスモデル・ジェネレーション』は、限られた研究や勉強している人にしか、理解しにくかったビジネスモデルを実際のビジネスの現場で使いたい人たちに、標準となるフレームワークを提供してくれた画期的なメソッドだと思います。

シンプルで誰にでもわかるキャンバスを目指して

今津：「キャンバス」は、最初から現在のような形で作成されたのですか?

Yves氏：先ほど、お話したように学生から相談を受けた際にまとめたビジネスに必要な要素をまとめ、キャンバスの原型となるものを作成したところ、大学の学生、エンジニア、起業を考えている人たちが興味を持ってくれました。従来、ビジネスプランを完成させてから資金投入を行いますが、このモデルを活用することで実行パターン

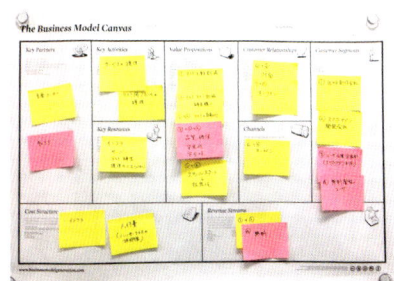

9つのブロックからなるキャンバス。非常にシンプルな構造なので誰でも直感的に理解できる

を試すことが可能になり、必要に応じてビジネスプランを見直すことが可能になりました。

さらにキャンバスの内容をさらに単純化し、9つのブロックからなる現在のキャンバスが完成しました。キャンバスを経営層にもアピールできるように、ビジュアル化し何枚かの紙にまとめられるようにしました。キャンバスは、9つのブロックにシンプルに要素を埋めていく方法ですから、誰にでも視覚的に理解することができる卓越した手法だと思います。

今津美樹(いまづ・みき)

ウィンドゥース 代表取締役　ITアナリスト
米国系IT企業にてマーケティングスペシャリストとしての長年の実績と20カ国以上におよぶグローバルでの経験による、マーケティングアウトソーサー ウィンドゥースの代表を務める。ITを活用したマーケティングに関する講演・企業研修など幅広く活動し、ITアナリストとしてラジオ解説、執筆活動・解説・書評等多数。Business Model You 日本代理店として原著者ティム・クラークと日本におけるBusiness Model You の普及推進を行う。明治大学リバティアカデミー講師。

Interview original author of BMG

当初、売れるとは思っていなかった『ビジネスモデル・ジェネレーション』

今津：ところで、『ビジネスモデル・ジェネレーション』は、世界中で多くの反響を呼んだベストセラーとして知られています。日本でも大きな成功を収められましたが、秘訣があったのでしょうか？

Yves氏：成功要因には、主に2つの要素があるのではないかと思っています。まず、コンテンツが魅力的だったことがあると思います。ビジュアルもふんだんに使っていますし、実証性の高い内容に皆さんの関心を集めたと考えます。もうひとつは、この本の成り立ち自体が、たいへんユニークで、多くのバズを生むコミュニティが大きな役割を担っていると思います。ご存じのとおり、『ビジネスモデル・ジェネレーション』はコアメンバーを中心に世界中の人たちのアイデアが盛り込まれ、コミュニティでの意見交換のもと出版に至ったものです。しかも、最初は自費出版で書籍化され15000部を超えたところで大手出版社が、我々に目をとめ「ぜひ、出版したい」とアプローチしてくれました。つまり、伝統的な出版プロセスとはまったく異なる経緯で広がっていったのです。コミュニティからはじまった口コミが大きな力になり学生だけでなく、起業家にも広く受け入れられました。

内容には、自信を持っていたものの、私もアレックスもビジネス書籍の分野では決して著名ではなかったため、これほどのブームになるとは、まったく思っていなかったのです。こうした経緯で出版にいたったことは、本当に幸運でした。というのもビジネス本は、通常、売れる売れないの白黒はすぐに付くことが一般的です。出版社もフルカラーの出版に難色を示しました。しかし、我々は自費出版での実績を持っていましたので、あくまでも良い本を提供したいという信念の元、デザインやビジュアルをふんだんに取り入れた自費出版時のクオリティを維持して出版することにこだわりました。

原書は自費出版時のクオリティを維持したもので商業出版された（世界各国で出版された翻訳書も同様）

アナログの良さを体感して！「大きく手書き」がおすすめ

今津：キャンバスは、手書きや付箋紙を活用し、アナログで作成することを推奨していますが、デジタルツールも多い昨今、なぜアナログのほうが良いのでしょうか？

Yves氏：アナログなほうがどこでも、いつでもできませんか？もちろんホワイトボードや紙でもいいです。PCやタブレット端末がなくてもすぐに筆記用具さえあればできるという、この利便性が良いのです。そして、もうひとつアナログを進める重要な要因として「大きく書く」というのがあります。大きく書くことで、気づきが生ま

れ、いい意見が出やすいと私は思います。様々な見解や意見交換を促すには、立ってみんなで見ながら作業を進めるというのが非常に効果的です。5，6人のチームが会話し、意見交換するのだから、壁などで行うほうが良いと思いませんか？

私は将来、デスクワークは壁でできるようになったらいいと思っています。もちろん、コンピュータを利用するメリットもあります。売上などの数値を計算しながらキャンバスを修正したり、データ連携を行う際にはデジタル端末の活用もいいと思います。iPad版のキャンバスツールは、年間で30,000も利用されていますが少人数で議論するときや、シミュレーションなどには良いかもしれません。また、Web経由のASPサービスなどを利用すれば、リモートで共有することができますので、遠隔での議論には便利だと思います。

iPad版キャンバスは、年間30,000利用。少人数での議論や、シミュレーションには適している

ビジネスモデル・ジェネレーションの、海外での導入傾向について

今津：『ビジネスモデル・ジェネレーション』は、多くの企業や組織からの評価も高く、導入が進んでいると伺っています。日本でも『ビジネスモデル・ジェネレーション』日本語版の発売以来、起業での研修や大学の授業で活用されるなど活発な動きがでていますが、海外の状況などお聞かせください。

Yves氏：最初に、『ビジネスモデル・ジェネレーション』の手法に飛びついたのが、若年層の起業家たちです。その後、若い方たちだけでなく起業を目指す方たちやコーチングなどを行うトレーナー、さらにはコンサルタントなどに徐々に拡がりを見せています。

GE（ゼネラル・エレクトリック）社に代表されるような大手の企業にもかなり導入が進んでいます。CEOやCIOといった立場の人たちがビジネスモデルの見直しなどを行う際に積極的に導入しています。また、デザインシンキングの教科書として非常に多くの学校や企業に活用されていることも付け加えておきます。

今後、ますます実践の場に導入されていくでしょう。

今津：スティーブ・ブランク氏の『アントレプレナーの教科書』などと関連し、顧客開発モデル、ビジネスモデル・ジェネレーション＋アジャイル開発の講義と実践ワークショップを組み合わせた「リーンローンチパッド」という教育プログラムは日本でも話題になりつつありますが、海外での状況をご紹介ください。

Yves氏：スティーブの手法にキャンバスを融合させることで、テストプロセスを組み込むという取組は進んでいます。検証する手法はありましたが、ビジネスモデルのデザインプロセスがなかったため、ちょうど融合することですべてのプロセスをカバー

Interview original author of BMG

Yves氏より「最初に、ムーブメントが起こったのは若年層の起業家たちの間でした。その後起業を目指す方やコーチングトレーナー、コンサルタントなどに徐々に拡がり、現在は大手企業にもかなり導入が進んでいます」

するプログラムにすることができました。
特に、Value Propositons（価値提案）についてリーンローンチはコンセプトを明らかにしますが、プロセスとの違いを明確化するためにキャンバスを活用したほうが分かりやすいため、連携して活用したほうがより成熟した手法になります。
また、製品は"企業の成功"のすべてをカバーするものではありません。つまり製品が良いだけで、必ずしもそのビジネスが成功するとは限らないわけです。顧客が本当に何を求めているかを検証するためにキャンバスが役立つわけです。

様々なビジネスの現場での
リサーチを通じて
発展し続ける「キャンバス」

今津：「キャンバス」は、進化し続けていくと思いますが、今後どのように発展していくのでしょうか？
Yves氏：各国でのワークショップを通じ、多くのモデルをリサーチしています。その中でも、いくつかの考え方があります。
例えば、1つのビジネスモデルが1つの企業を表現する場合もあれば、複数のビジネスモデルの集積が企業に存在する場合もあります。そのモデルの集合体が企業を表しているわけです。
一方、1つのビジネスモデルを複数の企業が共有している場合もあります。自社のビジネスモデルを良いものに改善していくためには、他社や協業パートナーのオペレーションに入り込まないと変革できないようなケースも出てきました。こうしたビジネスモデルは、今後も増加する傾向にあると思っています。
キャンバスもこうした実際の事業モデルをリサーチする中で変化や発展を遂げていくことになると思います。

今津：私も日本でワークショップを企業向けに行っていますが、新しいサービスモデルやビジネスの変化に驚かされることがあります。その他に、関心をお持ちのビジネスモデルはありますか？
Yves氏：特に関心を持っているのは、ソーシャルビジネスモデルです。社会的課題解決するための新たなビジネスモデルとして話題になっていますが、こうしたモデルに非常に関心を持っています。
Fugal Inovationという企業は、小さなパネルを組み合わせた太陽電池をアフリカのスラムなどに提供するサービスを行っています。こうした電力は電気が行き届かない地域の携帯電話などに活用されます。最初のビジネスモデルが、他の国に参入する場合どのように適応させるのかを検討する際、キャンバスが役に立つのです。こうした例をはじめ、ソーシャルビジネスモデル

にフォーカスして研究を続けていますので、もしかすると、次の私の書籍のテーマは「ソーシャルビジネスモデル」になるかもしれません。

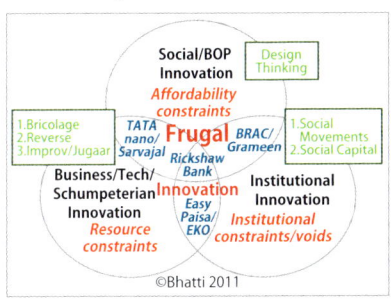

frugal-innovationホームページ。
URL：www.frugal-innovation.com

参考　Frugal Innovation社のTheory of Frugal Innovationを元に図を作成

重要なのはデザインシンキングと、ディシジョンメイキングを鍛えること

今津：日本にも『ビジネスモデル・ジェネレーション』の読者がたくさんいますが、起業で有効に活用していただくためのメッセージをお願いします。

Yves氏：企業の成功の要因は、必ずしも製品の優位性だけではないことに気が付いていただきたいと思います。日本の企業は性能や品質の良い製品を差別化することに注力する傾向があります。一方、サービスド

ミナントの考え方のように昨今は、事業や製品を、すべて「サービス」として捉えて見るという考え方が主流になりつつあります。商品そのものの機能や性能そのものではなく、その商品に顧客が求める価値は何なのか？ということを考えていかないと、グローバルでのビジネス競争で勝ち抜くことが難しくなっているのです。

それ故に、デザインシンキングがとても重要になっています。ビジネスモデルをデザイン、テストしていくことで、特に、こうしたプロセスを実行する中で、状況に応じたディシジョンメイキングしていくトレーニングが非常に重要です。デザインシンキングにおいて、すべてのコンポーネントを決定する前にプロトタイプをテストすることを忘れないでください。「キャンバス」は、このようなデザインシンキングの手助けとなるよう開発したものです。『ビジネスモデル・ジェネレーション』が多くの企業に実践的に評価されていることは既に、実証済です。ぜひ、日本の皆さんも実際に活用してみてください。

Yves氏より「顧客が求める商品の価値は何か？ということを考えていかないと、グローバルでのビジネス競争で勝ち抜くことは困難。デザインシンキングの一助としてキャンバスをぜひ活用してほしい」

Interview FILE 01

新商品開発を検討する
共通フォーマットとして活用

導入企業インタビュー1
コクヨ株式会社

聞き手:今津美樹

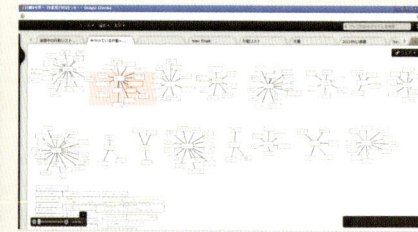
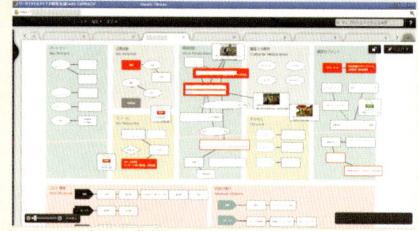
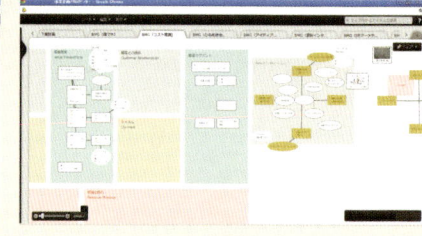

試作した会議活性化ツールのビジネス展開を検討するため、BMGのキャンバスを活用。自社開発WEBサービス上にキャンバスを作りアイデアや関連資料を共有、議論してゆく。

　コクヨRDIセンターは、Research、Development、Incubationの頭文字をとって名づけられた組織で、次世代の働き方や学び方の研究をベースにコクヨグループの新たな成長の源泉となる価値創造に取り組んでいます。

　「RDIセンターは、既存顧客や従来の価値観だけにとらわれることなく、新たな価値の創造や現在ユーザでない層を取り込むための商品やサービスを企画していくことも求められています。こういうビジネスもありうる、こういったものが欠けているなど、今のビジネスを基準にした価値観とは別な新たなテーマや課題にも取り組む必要があ

ります。そこで、新規ビジネスのアイデアを検討するための共通フォーマットとしてビジネスモデルキャンバスを活用しています」。と曽根原氏は言います。

実効性の高い
ビジネスモデルをデザインできる

　「導入にあたり、社内研修やグループごとのワークショップを通じBMGの理解やキャンバスの描き方を習得しました。新規ビジネスのアイデアを検討する際には、キャンバスを活用しています。
　実際に、『会議活性化ツール』の企画で活用した際、プロトタイプの試用実験やお客様との対話の中から、複数の顧客価値を抽出

稲垣 敬子（いながき・けいこ）／コクヨRDIセンター
2009年4月コクヨ株式会社入社後、RDIセンターに配属。オフィスの五感環境と省エネルギーに関する評価方法や、働く人の行動を促す空間・ITツールを中心としたテーマで、研究・新規事業創出に従事。

し、それぞれの顧客価値からどのようなビジネスが展開できるかをキャンバスに展開してみました。また、キャンバス上で、現在のビジネスとの親和性やビジネスの規模感を確認しながら価値を絞りこみました。新規ビジネスを検討する上では、様々な部署とのディスカッションが必要になります。可視化する共通言語として、キャンバスは非常に有効に使えると思います。また、複雑なコミュニケーションとその経緯をメールなどで管理することには限界があります。そこで、自社開発したツールを活用し、キャンバスを電子的に共有し、どこからでもアクセスできるようにしています。」

キャンバスの魅力は
経験に依存しないこと

キャンバス導入のメリットは、ビジネス経験が豊富でない若手のビジネスマインドの向上にも貢献していることだと稲垣氏は言います。
「私自身、入社から数年とまだ現場での経験が少ないのですが、会社や組織のビジネスを理解する手掛かりとして非常に有効でした。さらに、新商品開発などでは様々な部署や経験の豊富な事業部とも折衝なども必要です。キャンバスを活用することで、ビジネスにおける重要なポイントや留意点を早い段階で共有することができるだけでなく、わからないことや課題が出てきた際に的確に質問するための共通言語（プロトコル）としてもキャンバスが役立つのではないでしょうか。

一方、商品やサービスは企画段階から商用化のフェーズに入ると担当部署が変わったりすることがあります。このような場合、最初の企画に伴う考え方や必要な人脈・人材などの情報を的確に引き継ぐことは難しいのではないでしょうか。

今後は、弊社では変更履歴や関連文書や情報源などそのビジネスに関係する情報をキャンバスに紐づけておくことで、どのようなフェーズに移行しても常にそのビジネスに関連する考え方や人脈が引き継がれ、効率的に活用できるようにしていきたいですね。将来的にこうした自社での活用ノウハウを顧客企業にも広くご紹介し、新たな働き方や学び方のご提案につなげていきたいと考えています。」

曽根原 士郎（そねはら・しろう）／コクヨファニチャー株式会社　企画本部
2013年1月より同事業会社、新規事業開発室に配属。昨年迄RDIセンターでCANVASを使い研究・新規事業を企画、本年その成果に基づき新たなWEBサービスを立ち上げ中。

BMG Work Book　23

Interview FILE 02

1シートでできたキャンバスは誰でも非常にわかりやすい

導入企業インタビュー2
富士通株式会社

聞き手：今津美樹

縄田 晴秀（なわた・はるひで）／統合マーケティング本部 人材開発部　マネージャー

金融系・流通系業種等の顧客システム構築に20年余り携わった後、流通業種の情報システム会社に6年間兼務出向。2012年度より現職。現在、富士通グループSEのキャリア開発・認定に携わるとともに、次世代の顧客現場で求められるSE人材育成に注力。

富士通の人材育成の考え方

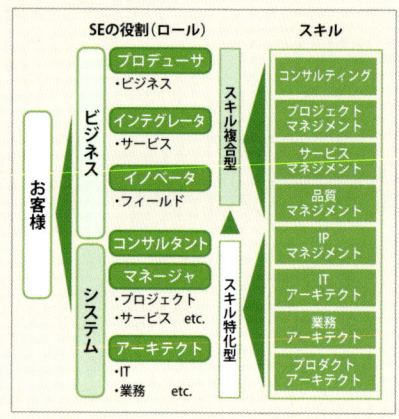

人材像をスキルとロール（役割）の関係に分化・整理することで活動領域（システム軸／ビジネス軸）に応じたスキル強化と育成を行う。

プロセス思考から
デザイン思考アプローチへ

富士通では、全社的に攻めの構造改革を展開しています。その中で、SEをシステム開発からさらに活動領域に広げることで、サービスの提供に付加価値を提供していこうという取組を行っています。

「その中でも"SEの活動領域を広げ"、"技術者が顧客の事業領域をより理解する"という2つの重要な観点での技術者の育成はこれからの市場競争では欠かせないポイントだと思っています」（中島氏）

これまでも、高度化・複雑化するITに対応すべく、専門分化してスキルを強化するキャリアプログラムによるコンサルティング技術やフレームワークを活用して、お客様の事業・ビジネスを分析する活動は一部の専門職が実施してきました。

しかし、こうした活動を行う必要性が増加する中、お客様と接する現場SEが、日々の主業務を阻害することなく、短時間でお客様ビジネスを把握・分析する手法や考え方を基礎技術として有する必要性が高まっています。

「富士通では問題解決のための手法であるプロセス思考型でのフレームワークが一般的に利用されてきました。しかし、SaaSやクラウドなどサービスが台頭する中、サービスモデルとより親和性の高いデザイン思

考型のアプローチを模索していました。特に、個々のスキルに依存せずに俯瞰的に簡単にビジネスを理解できるツールがあればと探していたところ、ビジネスモデルジェネレーション（BMG）に出会い、これなら使えるのではないかと思いました」。（中島氏）

「1シートでできたキャンバスというのが非常に分かりやすいと思いました。ワークショップでもいきなりキャンバスを描く練習をしましたが、思いのほか描けたので手軽に導入できると確信しました。俯瞰のための可視化にはなるべく手をかけず、そのあと考えることに時間やパワーをかけて欲しいので、整理のためのツールはこれくらい手軽なもののほうが導入しやすいと実感しました。BMGは、"価値提案"を中心とした9つのブロックで可視化できるため、各パラメータ（要素）の変化を考えるのに適しています。これは、まさにオブジェクト指向型の発想であり、技術者がなじみやすいという点でも理解が早かったと思います」。（縄田氏）

お客様以上にお客様のビジネスを考えられる技術者を育てたい

「BMGの導入の最大の目的は、キャンバスの描き方を習得するのではありません。例えばお客様のビジネスを自分なりに整理し、9つのブロックのパラメータ（要素）が変化した場合、どのように価値がかわり、どう影響するかという考え方を把握し、そこからSEとして自分が何を取り組んだら良いかという思考過程を身に着けて欲しい

と思ったからです。最終的には、BMGの活用をきっかけに、お客様のニーズを聞いてから考えるのではなく、いくつもの考え方を持ったうえで、最適なものを提案できる。お客様以上にお客様のビジネスに最適な提案ができる技術者を育成したいと思っています」。（中島氏）

「従来は、スキルを強化するプログラムをIPAのITスキル標準などに準じて行ってきました。一方、今後は、ロール（役割）の強化が必要になってきます。市場動向やトレンドなどからニーズを読み解ける人材、つまり、事業視点でシステム全体の最適化や高度化を提案できる"ビジネスプロデューサ"、"フィールドイノベータ"、"サービスインテグレータ"などの高度IT人材の育成を目指しています」。（縄田氏）

中島 充（なかじま・みつる）／統合マーケティング本部人材開発部　部長 兼 共通技術本部シニアマネージャ
製造・金融・流通系の業務SEから1994年スーパーコンピュータの開発プロジェクトに参画。インターネット黎明期からはサービス／ビジネスの立上げと開発・運用に従事。2006年から現職の人材育成に取り組む。

Interview FILE 03

流動的な人材の活性化と組織の活性化を目指して

導入企業インタビュー3
株式会社
エスイーシー
聞き手：今津美樹

積極的な意見交換が行われたワークショップ。主任以上の管理職を中心に、横断的な部署から約40名が参加。ディスカッショングループは、異なる部署から構成され様々な気づきを得られる機会となった。

人材活性化のための新モデルとして導入

エスイーシーは、函館に本社をおき、情報処理および情報通信の分野でアウトソーシングやインターネットプロバイダー、SIシステム販売などのサービス分野を拡大してきた企業です。また、近年のIT社会の発展を背景として、モバイル＆IPや移動体通信分野におけるソフトウェア・ハードウェアの設計・開発業務にも実績をあげてきました。

「幸い弊社の技術者は、技術スキルにおいては概ね高い評価を頂戴しています。当然、技術を向上させるための研修は従来から行ってきました。しかし、これからは技術力に加え、コミュニケーションやビジネスへの深い造詣などより幅広く現場に対応するためのスキルが求められています。
一方、弊社は函館で創業45年を迎え、人材の流動も比較的少なく離職率もきわめて低くなっています。組織にとって、離職率の低いことは、大きな優位性であると同時にリスクもはらんでいます。組織は硬直化し、人材の流動性が失われてしまうからです。同じ業務や職種に定着した人材を様々な部署で活用するための教育は、将来的な人材活性化、活用の契機としても非常に重要な意味を持っています。そのため、人材活性化のための新たなモデルを導入した研修プログラムの増強などを行ってきました。」(代表取締役社長永井英夫氏)

ワークショップをきっかけに実務へ反映できるよう推進

「地方では、ビジネスの現場で役立つ情報

大倉 義孝（おおくら・よしたか）／情報通信事業本部執行役員副本部長

昭和60年4月より株式会社ミツバにて、クルーズコントローラ、等の電装品開発に従事。平成元年8月Uターンにて函館に戻り株式会社エスイーシーに入社後、組込み系の製品開発を担当し、平成24年に情報通信事業本部執行役員副本部長に就任。

各グループによっても考え方の違い、異なる解釈のキャンバスなど多様性を模索するツールとしても効果的であると思いました。ワークショップだけでは、もちろんすぐにBMGを活用できるわけではありません。しかし、従来から、プロジェクトベースでキャンバスの要素に近いものを個々に活用してきましたので、こうした可視化と検証の確認をさらに実務に反映できるよう推進しています。

また、今後は『ビジネスモデルYOU』の個人のキャンバスと組織のキャンバスを連携させ、人材の柔軟な流動化による有効活用を実現したいと考えています。それにより、人材の活性化と組織の活性化の両立を実現し、より成長性の高い組織作りを目指していきたいと思っています」（大倉氏）

共有や教育の機会が首都圏に比べ少ないのが実情です。情報サービスを扱う企業として地方拠点をハンデとしてとらえてほしくないのです。"地方だからという言い訳はして欲しくない"、そのためにも世界最先端のモデルをいち早く導入しようと思いました。ビジネスモデルジェネレーションのモデリングアプローチに少しでも触れることで、従来の技術者の枠を超え、柔軟でより経営者思考でものごとに取り組める人材を育てたいとの思いがありました。

早速、同郷出身の今津氏を講師に迎え、主任クラス以上を対象にした管理職に対し、BMGのワークショップを実施しました。ワークショップでは、いつも比較的寡黙な技術者たちが、活発に意見交換している姿を見て、大きな手ごたえを感じました。また、

グループごとに異なるキャンバスが完成。ワークショップ後半では、ほとんどの参加者が積極的に声を出してアイデアを揉み、発表するに至った。

Tuto

PART 1
チュートリアル

rial

ビジネスモデル・ジェネレーションの基本

□ ビジネスモデル・キャンバス

世界のノウハウを結集したビジネスモデルの最新メソッド

「ビジネスモデル」という言葉を聞いてすぐにピンとくる人はそう多くはないと思います。従来、「ビジネスを進めていく上で、組織がどのように動いているかを把握することは非常に困難で、『ビジネスモデル』に関する共通認識を持つのは簡単なことではありませんでした。しかし、これまでの様々な『ビジネスモデル』の考え方を、わずかA4一枚のシンプルなフレームワーク「ビジネスモデル・キャンバス」にまとめることで、画期的かつ実践に即したスタンダードが誕生しました（「ビジネスモデル・ジェネレーション（BMG：翔泳社刊）」）。書籍はすでに20万部を突破し、世界22カ国で翻訳されるなど、ビジネス書としては空前のベストセラーとして大きな注目を集めています。IBM、エリクソン、デロイト、カナダ政府をはじめ、世界中の多くの学校、企業の組織ですでに活用されその有効性が証明されています。

組織には必ずビジネスモデルが存在する

BMGでは、企業や組織には必ずビジネスモデルがあることを説明しています。つまりあなたが所属している組織やこれからはじめようとしているビジネスにも、必ずビジネスモデルがあることを示しています。「ビジネスモデル」とは、組織がどんなふうに価値を作り出し、それをどうやって顧客に届けるのか、それを論理的に図式化したいわば組織の「設計図」です。本書はこの「設計図」を可視化するツールとして生み出された「ビジネスモデル・キャンバス」を実務において活用するためのワークブックです。この「ビジネスモデル・キャンバス」を上手に活用できれば、様々な状況に応じてビジネスモデルの見直しや改善のための可視化や、コミュニケーションがこれまでより容易に行えるようになります。つまり、ビジネスモデル・キャンバスは、世界共通のフォーマットとして活用できるのです。いつでも、どこでも必要な人々とビジネスモデルを語ることができる時代がついにやってきました。

世界中から参加した登録メンバーが
様々なビジネスモデルに関するアイデアや経験則を提供

書籍の出版過程そのものが、ユニークなビジネスモデルの実践によって生まれました。5人の代表メンバーを中心に、世界45カ国から470人以上がソーシャルメディアによるオンラインコミュニティを結成。最終的に共同で出版に至りました。なお、これらを総称してビジネスモデル・ジェネレーション（以下BMG）といいます。世界中の様々なビジネスモデルと言っても、典型的なものをまとめてみると共通点が分かってきます。それをまとめて「メソッド」として紹介しています。

ビジネスモデルはいわば組織の「設計図」

建築家が建物を建てるときに設計図を作成するのと同じように、ビジネスをスタートする指針としてビジネスモデルをデザインすることはとても重要です。また、組織の管理職は、既存のビジネスを客観的に把握することができるように、ビジネスモデルを描く必要があります。

BMG活用の流れと手順

□モデリングアプローチ　□ビジネスモデル・イノベーション

計画だけではもう古い！ビジネスモデルは「デザインしていくもの」

グローバル化が進み、競争の激化する市場において、ビジネスが計画通りに進むことは非常に難しくなっています。また、ビジネスのスピード感が重要になっている昨今、ビジネスは計画（プラニング）ではなくモデルをデザインしながら実行する、つまり「モデリングアプローチ」のほうがより実践的です。

ベンチャー企業などのスタートアップのビジネスでは、従来からこのようなアプローチが実践されてきました。例えば、新規ビジネスを立ち上げようと思っている段階では、すべての条件や環境が整っているわけではありません。もちろん、まだ試していない事業ですからいろいろなことが起こります。そこで、ビジネスを進めながら実際の問題点や課題を修正し、ビジネスの方向性を見直しながらよりベストな方向に改善していくわけです。つまり、いくつかの可能性をデザインし、現状に最も即したビジネスモデルを選んで実践することが実用的だという考え方です。まさに、"走りながら考える"というわけです。しかし、行き当たりばったりでは、当然ながら問題を的確に把握し、迅速に対処することは困難です。自分でビジネスモデルの位置づけ、組織のビジネスモデルの再設計の進め方を把握することはとても重要です。そこで、キャンバスを使用して考えうる可能性を記述し検証していくアプローチに注目が集まっているのです。

迅速さが求められるビジネスモデル・イノベーション

BMGでは、ビジネスモデルを、「自分たちの価値をどのように創りだし、顧客に届けるか」を論理的に記述したものと定義しています。そしてより良い方向、成功する方向にビジネスモデルを変えていくことをイノベーションと呼んでいます。ビジネスモデル・イノベーションは、究極的に「企業、顧客、そして社会のために、価値を生み出すこと」と定義しています。

モデリングアプローチで効果を発揮するキャンバス
―複数のモデルから、最適なモデルを選択し現場で検証する

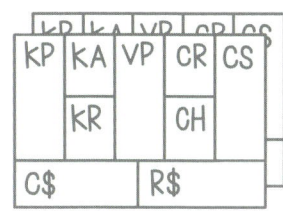

4 現場で検証

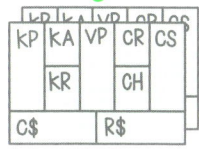

3 検証での課題を抽出し反映し再モデル化

2 現場で検証

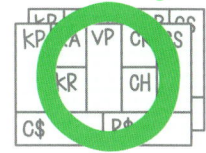 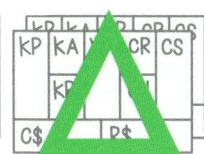 

1 考えうるデザインモデルから最適なものを選択

4つのステップを試してみよう

☐ キャンバス　☐ 4つのステップ（Draw Reflect Revise Act）

シンプルで直観的なBMG「キャンバス」

ビジネスモデルは表現するのも理解するのも困難だったため、従来、一部の経営学専門家だけが議論していました。今でも組織によってはあまりにもたくさんの構成要素があるため、組織の全体像を把握することは、途方もないことだと思われがちです。しかしコンセプトがシンプルでかつ視覚的に表現できる共通言語キャンバスに基づいたBMGは、現在多くの組織に急速に導入が拡がり、世界的なスタンダードとして認知されたのです。BMGでは、視覚的でフリーハンドでも描ける「キャンバス」を多用しますが、こうしたツールの活用は、直観的に組織を理解するのに非常に適しています。ビジネスの現場で使ってこそ意味があり、難しいツールでは無意味だからです。キャンバスは1枚の紙さえあれば、フリーハンドでも記述できます。実際にグループのメンバーが、付箋紙やマーカーを使って、一緒に作業し、ビジネスモデルの要素を議論することで、理解、議論、創造、分析を深めていくことができますので、非常に実践的で効率的です。

4つの簡単なステップでキャンバスを描いてみよう

早速、BMGを導入してみたいと思っても、何から始めて良いか分からないといった質問をいただくことがあります。そんなときは難しく考えずまず、BMGで最も使われるツール「キャンバス」を描いてみることをお勧めします。
次のような4つのステップから始めると分かりやすくなります。
（1）Draw：現状の把握（現状のビジネスモデルをキャンバスに描く）
（2）Reflect：見直し（現状のままで良いのか、課題・問題点を抽出）
（3）Revise：修正（イノベーション（改善）に向けたキャンバスの修正・反映を行う）
（4）Act：実行・検証（キャンバスでモデル化した内容を現場で実行・検証）

キャンバス作成の流れ

デザインプロセス	進め方
Step1 Draw 現状の把握	対象となる事業組織、プロジェクトなどを明確にし、プロジェクトに取り組む目的、ビジネスモデルの記述、デザイン、分析、議論するためのキャンバスを作成します。
Step2 Reflect 見直し	顧客、技術、環境といった関連知識や情報を収集します。専門家へのインタビューや、潜在顧客の研究なども検討し、ニーズ、課題、問題点などを明らかにします。
Step3 Revise 修正	見直しのフェーズで得られた情報やアイデアを、調査、テストができるようなビジネスモデル・プロトタイプへと転換します。キャンバスを修正しながら、最も納得できるビジネスモデル・デザインを選びます。
Step4 Act 実行・検証	選んだビジネスモデル・デザインを実行します。ビジネスモデルを継続的にモニタリングし、評価、適応させていくマネジメント態勢を構築します。

キャンバスの基本と記述方法を理解しよう

□9つのブロック

キャンバスの開発者であるYves Pigneur氏は、技術系の大学で教鞭をとっており、ビジネスを立ち上げようとする在学中の起業家から多くの相談を受け、アドバイスしてきました。その過程で、ほとんどのケースで、共通する質問が存在しそれに基づいて、アドバイスしていることに気が付いたそうです。つまり、「ビジネスを始める上でポイントになる要素を、集約することで典型的なチェック項目をまとめることができる」と考えたのです。その後、それらを進化させ、誰でも分かりやすく可視化できるようにと完成させたのがキャンバスです。

キャンバスの9つの要素

キャンバスは4つの領域(顧客、価値提案、インフラ、資金)をカバーする、9つの「ブロック」で構成されています(キャンバスの9つの要素を正式には「ビルディングブロック」といいますが、ここでは簡単に「ブロック」と呼びます)。
キャンバスを共通言語として使えば、ビジネスモデルを記述、分析、デザインが簡単に共有できるので、新しい戦略立案も容易になります。さらに、キャンバスで表現されたビジネスモデルは、組織の構造、プロセス、システムを通じて実行される戦略の青写真としてそのまま利用できるのです。

例えば、ワークショップで議論する場合は、土台になるキャンバスを大きくプリントアウトするとうまく機能します。グループのメンバーが、付箋紙やボードマーカーを使って、一緒にスケッチを始め、ビジネスモデルの要素を議論できるからです。模造紙やホワイトボードにフリーハンドで枠を描いて、ブロックの要素を付箋紙で貼り付けていくのがお勧めです。
できるだけシンプルにかつ端的な言葉で表現すると分かりやすくなります。基本的に付箋紙1枚にひとつの要素を4件ずつ記載し、それを貼ったり、はがしたりしながら議論を進めていきます。

キャンバス（ビジネスモデル・キャンバス）

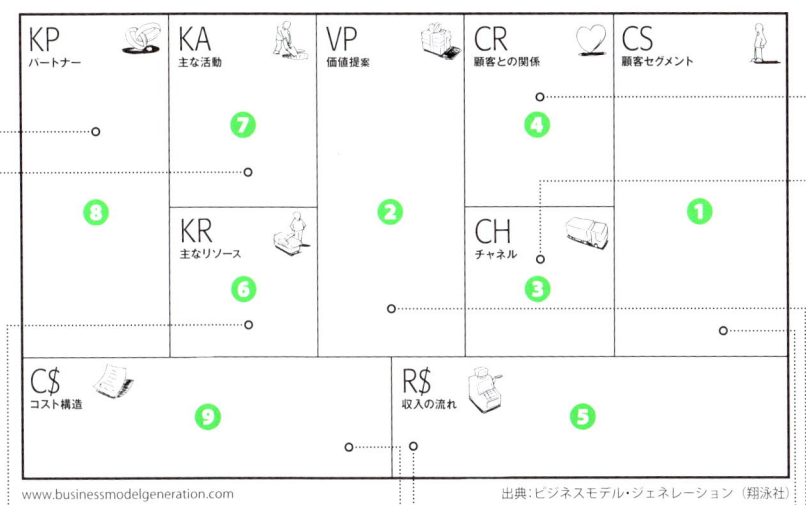

KP パートナー	KA 主な活動	VP 価値提案	CR 顧客との関係	CS 顧客セグメント
❽	❼	❷	❹	❶
	KR 主なリソース ❻		CH チャネル ❸	

C$ コスト構造 ❾	R$ 収入の流れ ❺

www.businessmodelgeneration.com　　　出典：ビジネスモデル・ジェネレーション（翔泳社）

❻ **Key Resources：主なリソース***
ビジネスモデルの実行に必要な資産を記述します。物理資産だけでなく、知的財産や人的リソースなども含まれます。

❼ **Key Activities：主な活動***
顧客にとっての価値を提供する源泉となるような重要な活動を記述します。

❽ **Key Partners：パートナー**
組織の活動にとって、重要なパートナーを記載します。

❾ **Cost Structure：コスト構造**
ビジネスを運営する上で、特に必要となるコストを記載します。

❶ **Customer Segments：顧客セグメント**
組織の存在理由の根幹となる最も重要な要素。組織がかかわろうとする顧客グループを設定します。

❷ **Value Propositions：価値提案**
顧客の抱えている問題を解決し、ニーズを満たすものを製品やサービスを通じて提供します。

❸ **Channels：チャネル**
顧客セグメントとどのようにコミュニケーションし、価値を届けるかを記述します。

❹ **Customer Relationships：顧客との関係**
企業が特定の顧客セグメントに対してどのような関係を結ぶかを記述します。

❺ **Revenue Streams：収入の流れ***
組織が顧客セグメントから生み出す収入の流れを記述します。非利益団体や無料サービスの場合ゼロやマイナスで表現されることもあります。

*『ビジネスモデルジェネレーション』では、収益の流れ（Revenue Streams）、リソース（Key Resources）、主要活動（Key Activities）という表現をしています。

キャンバスの各ブロックを記述するための考え方　その1

□顧客セグメント　□価値提案　□チャネル　□顧客との関係　□収入の流れ

それでは、各ブロックの内容と記述するための考え方を整理していきましょう。

❶ 顧客セグメント

顧客セグメントのブロックでは、企業や組織がかかわる顧客グループについて定義します。どんな組織でも必ず顧客は存在します。その顧客を満足させるためには、まず、共通のニーズ、行動、態度によって、顧客をグループとしてまとめて記述しておくと分かりやすくなります。そうすることで、自分たちにとってフォーカスすべき顧客はどのようなセグメントで、優先度を下げても良い顧客はどのようなセグメントなのか決定しやすくなります。ビジネスモデルをデザインするには、まず顧客セグメントを決め、顧客の立場でそのニーズを深く分析しましょう。

下記は、別の顧客セグメントに分けたほうが検討しやすい例をあげています。

- ニーズを満たすために異なる提案が必要となる場合
- 顧客にリーチするのに異なる流通チャネルが必要となる場合
- 顧客との関係構築に異なる手段が求められている場合
- 収益性が大きく異なる場合
- お金を支払ってくれる部分（価値）が異なっている場合

❷ 価値提案

価値提案のブロックでは、顧客セグメントが何を解決してほしいのかを端的に記述します。価値を生み出す製品とサービスから考えれば分かりやすくなります。顧客が自分たちの何に価値を見出してくれているかを考えなくてはいけません。顧客が自分たちを選んでくれている本当の理由を考えてみましょう。顧客に提供できるベネフィットを考えましょう。革

各ブロックについて

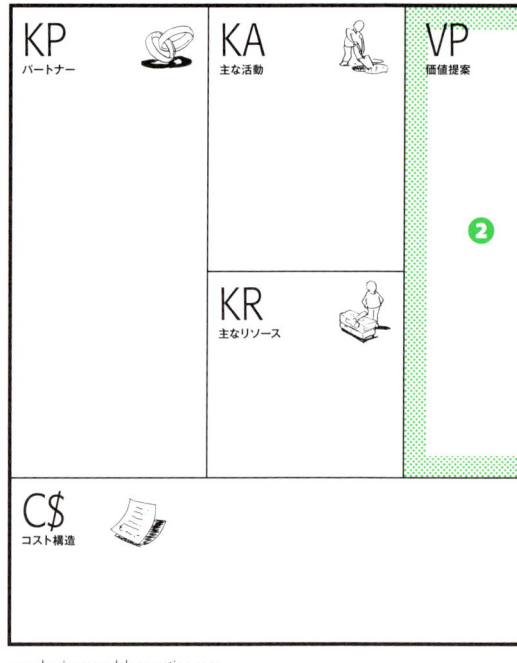

KP パートナー	KA 主な活動	VP 価値提案
	KR 主なリソース	❷
C$ コスト構造		

www.businessmodelgeneration.com

```
CR              CS
顧客との関係     顧客セグメント

    ④

              ①

CH
チャネル

    ③

R$
収入の流れ

    ⑤
```

新的で新しい価値提案の場合もあります
し、既存製品に対して、追加機能を加え
ただけでも十分意味のあるものかもしれ
ません。
最近では、企業が当初提供しようとした
価値とは別の価値を顧客が見出してくれ
ることで大きな成功につながることもあ
ります。こうした潜在的なニーズにいち
早く気づき、価値として提供できるかが
カギとなります。

❸ チャネル

チャネルのブロックには、顧客の求める
価値を提供していることを告知する方法
やその価値を届ける様々なルートを記述
します。いわゆるマーケティングプロセ
スにおける認知、評価、購入、提供、ア
フターサービスの5つのフェーズを含み
ます。コミュニケーション、流通、販売
チャネル、アフターフォローを通じた顧
客へのインターフェイスです。顧客との
タッチポイントとして、顧客の経験に重
要な役割を果たします。

❹ 顧客との関係

顧客セグメントがどんな関係を構築、維
持してほしいと期待しているのか、どん
な関係をすでに構築しているか、どれく
らいのコストがかかるのか、ビジネスモ
デルの他の要素とどう統合されるのかを
検討していきます。
関係とは、対面や電話などパーソナルな
ものからオンラインによる自動化された
ものまで、様々です。一般的には、顧客
を獲得、顧客を維持、顧客を拡大（より
高価なものを販売するアップセリング）
するためにどのような仕組みを持てば良
いのか考えます。

❺ 収入の流れ

収入の流れのブロックは、企業が顧客セ
グメントから生み出す現金の流れを記述
します。収入からコストを差し引くと利
益になり、組織の経済状態が健全か把握
することができます。

キャンバスの各ブロックを
記述するための考え方　その2
□主なリソース　□主な活動　□パートナー　□コスト構造

各ブロックについて

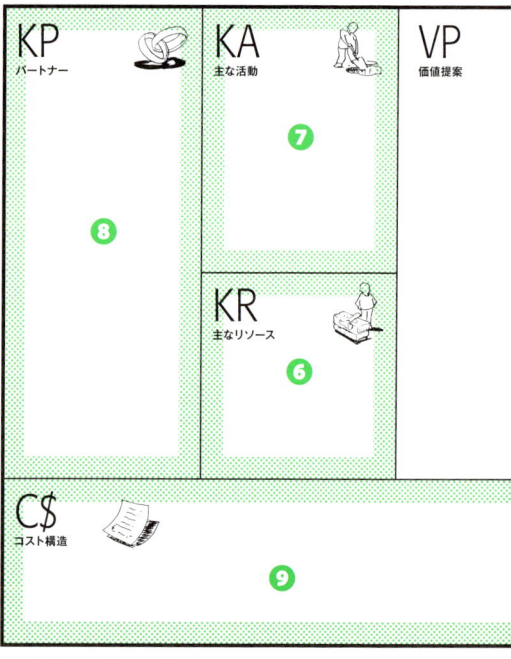

キャンバスの左側＝自分達の活動と、それに関わるコスト

```
KP          KA          VP
パートナー    主な活動     価値提案
              ❼
   ❽
            KR
            主なリソース
              ❻

C$
コスト構造
   ❾
```

www.businessmodelgeneration.com

❻ 主なリソース
リソースのブロックでは、ビジネスモデルの実行に必要な資産を記述します。
ほとんどの企業で、ヒト、モノ、カネ、知的財産などのリソースが必要なのは言うまでもありませんが、その中でも特徴的な主なリソースにフォーカスして記載していきます。物理的なもの以外に、ファイナンス、知的財産権、人的リソースなど様々なものがあります。同じ製造業でも安く良質な製品が売りの場合は、効率的な量産体制や製造ラインが重要ですし、一方デザイン性などで差別化を図っている企業では優れたデザイナーなどの人的リソースが重要かもしれません。どのようなリソースが必要となるかは、ビジネスモデルによって変わってきます。主なリソースとして記述する内容も異なることになります。

❼ 主な活動
主な活動のブロックは、ビジネスモデルが機能するために組織が取り組まなければならない重要な活動を記述します。このブロックでは、企業が経営を成功させるために必ず実行しなければならない重要なアクションにフォーカスします。リソースのブロックと同様に価値提案を作り、マーケットへリーチし、顧客との関係を維持して、収益を上げるために欠かせない活動です。また、同じ業界だとしてもビジネスモデルの種類によって主な活動が異なるのも、リソースと同様です。価値提案の差別化の最も重要な要因となる活動にフォーカスしてみると分かりやすくなります。

キャンバスの右側＝顧客に関わるコスト

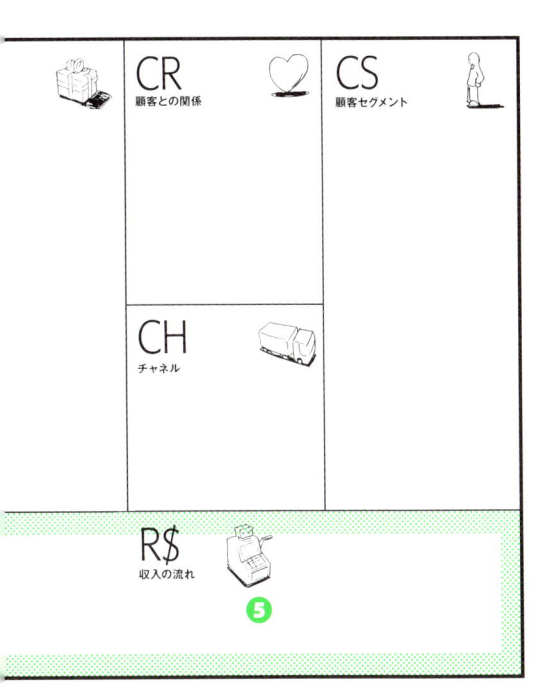

CR 顧客との関係

CS 顧客セグメント

CH チャネル

R$ 収入の流れ

❺

❽ パートナー

パートナーの構築ブロックは、ビジネスモデルを構築するサプライヤーとパートナーについて記述します。

外部に委託（アウトソース）される活動や外部から調達されるリソースを考えてみましょう。企業はビジネスモデルを最適化し、リスクを減らし、足りないリソースを得るためにアライアンスを組みます。

パソコンメーカーや携帯電話メーカーは、OSを社内で開発するのではなく、ライセンス供与してもらいます。日本のソフトウェアベンダーの多くは、間接販売を取り入れていますので、販売代理店は収入を得る上で欠かすことのできないキーパートナーということになります。

❾ コスト構造

ビジネスモデルのもとで発生する重要なコストを記述します。リソース、主な活動、パートナーなどを定義してから記述すると分かりやすくなります。

❾コスト構造と❺収入の流れはビジネスの土台

キャンバスの一番下に位置している❾コスト構造と❺収入の流れがビジネスの土台をなしていることが視覚的に分かります。キャンバスの各ブロックの要素は相互に関係して意味をなしています。キャンバスの右半分は、顧客が求めるニーズを上手に届ける仕組みがまわることで、収入が得られることを模式的に表現できます。一方、左半分は、リソースや活動、パートナーとの連携など、いずれもコストとして出費が必要な要素がまとめられています。パートナーに入れるべきか顧客に記述すべきか迷う相手（組織や企業）がいる場合、収入が得られるのかこちらが支払いをするのかを目安にして整理する方法もあります。

ビジネスモデル・キャンバスを描いてみよう　その1

□キャンバスの記入例

実際にビジネスモデル・キャンバスを記述する具体的な手順を紹介していきます。ここでは、中古書籍販売のブックオフを例にビジネスモデルでキャンバスを描く練習をしてみましょう。

① 顧客セグメント : Customer Segments

ブックオフで最も重要な顧客セグメントは、もちろん中古本を購入する人です。もうひとつ特徴的な顧客セグメントがあります。それは、本を売りたい人です。それぞれ属性が異なるため2つのセグメントに分けて記述します。最初は、いろいろな顧客の種類が考えられるかもしれませんが、できるだけ集約してまとめるのがコツです。

1. 本を買う人
2. 本を売る人

② 価値提案 : Value Propositions

それぞれの顧客セグメントに対して、どのような価値を提供できるのか記述していきます。本を購入したい人にとっては、掘り出しものが見つかったり、安く本が購入できることになります。そして、本を売りたい人にとっては、不要なものを現金化できることや書籍で埋まっていたスペースを片づけられることを記述してみます。

1. 本安く買える
2a. 不用物現金化
2b. 部屋片づけ

1. 本を買う人
2. 本を売る人

③ チャネル : Channels

チャネルは、告知から購入、アフターサービスにいたるタッチポイントを記載します。ですから実際には、テレビの告知広告やネットなどもありますがここでは、一番典型的で具体的に価値を提供されるルートとして店舗を記載します。

④ 顧客との関係 : Customer Relationships

顧客との関係は、店舗を中心とした場合、対面ですので代表的なマンツーマンを記述しておきます。

ビジネスモデル・キャンバスを描いてみよう その2
□キャンバスの記入例

⑤ 収入の流れ : Revenue Streams

収入の流れに注目してみましょう。本を購入してくれた人からは当然、本代が収入として計上されますが、ここでポイントとなるのは、本を売りたい人からは収入がありません。ブックオフの場合は、本を買いたい人と売りたい人は、全く異なる行動属性ではありますが、時としてそのどちらにも成り得ます。そこで、本の売上と購入のどちらも収入のブロックに記載してみます。本来、仕入れと考えるとコストの要素ですが、このモデルでは本を売る人、買う人の両方の顧客セグメントがうまく回ることで成立しています。売りたい人もこのビジネスモデルにとっては、欠かすことのできないセグメントですので、このままマイナス収入として記載しておきます。売上がないフリーのサービスなども同じように無料が収入のブロックに記載されることになります（47、49ページ）。

⑥ 主なリソース : Key Resources

主なリソースには、店舗や人件費を記述する人も多いかもしれません。しかし、良く考えてみるとブックオフでは、専門的な知識がなくても本を見積もって購入できる仕組みや中古本をきれいに削って新品同様にしたり、パート社員でもすぐに活動できる買取・再販の一連のシステム（マニュアルや教育も含む）があるから店舗を拡大できたのだと考えられます。そこで、ここでは買取・再販システムと記述します。そして、中古本を安く購入できるブランドとしての価値も大きいと考えますので、ブランドもあげておきましょう。

⑦ 主な活動 : Key Activities

通常、多くの企業は「ものを作る」、「ものを売る」のいずれかを行います。そのため、主な活動にこれらを入れるのではなく、主なリソースから考えられる自社ならではの活動を記載します。しかし、ブックオフの場合は、このビジネスモデルを機能させるために最も基本的で重要な活用は、本を買って、本を売ることですので、この２つを記載します。主なリソースに記載した買取・再販システムのメンテナンスや改善点も入れても良いかもしれません。

⑧ コスト構造 : Cost Structure

最も大きな割合を占めるコストは、人件費と店舗でしょうか。ビジネス開始当初は、買取・再販システムの開発費なども大きかったかもしれません。

ケース1
現状把握のためのキャンバス

□事例　ブックオフ

前述の書き方の例で紹介したブックオフのキャンバスを記述してみます。一般消費者である"本を買いたい人"、"売りたい人"を顧客セグメントとした場合の現状のキャンバスはこのようになりました。記述例でもご紹介しましたが、このモデルでは、顧客が"本を買う人"、"売る人"の全く異なる2つのセグメントでありながら、時として、どちらにも流動的に行き来します。例えば、本を売りに行った帰りに、また本を買ってきた経験をお持ちの方も多いのではないですか？このようにそれぞれのブロック間の関係だけでなく、ブロックの各要素自体も全体のモデルを成立させる上で、大きく連動しながら機能しています。

いつもは、何気なく利用しているブックオフのビジネスですが、大変興味深いキャンバスになりました。はじめにキャンバスの要素を描き出す際には、いろいろなバリエーションの要素が考えられると思います。しかし、最終的にはなるべく大きな概念にまとめられるとよりビジネスモデルの本質が見えてきます。

ブックオフのキャンバス（現状）

KP パートナー	KA 主な活動
	本を売る 本を買う
	KR 主なリソース
	買取・再販システム。 ブランド
C$ コスト構造	
	人件費（給料） 店舗代

www.businessmodelgeneration.com

買取・再販システムの優位性と店舗拡大によるブランド価値が主なリソースとして担保されていることが分かります。次のセクションでは事業を拡大するためのイノベーションを起こすためのモデル例をキャンバスでデザインしてみます。

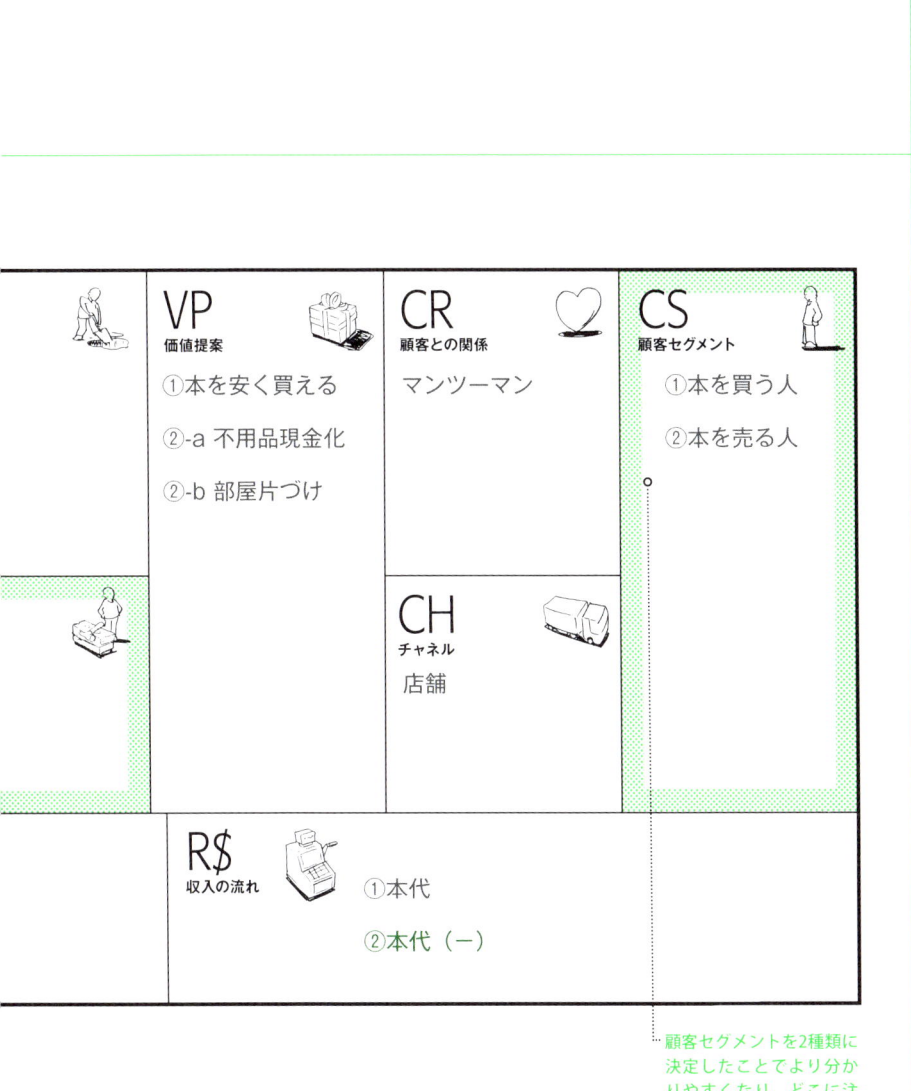

VP 価値提案	CR 顧客との関係	CS 顧客セグメント
①本を安く買える ②-a 不用品現金化 ②-b 部屋片づけ	マンツーマン CH チャネル 店舗	①本を買う人 ②本を売る人

R$ 収入の流れ	
	①本代 ②本代（－）

> 顧客セグメントを2種類に決定したことでより分かりやすくなり、どこに注力すべきか判断するときの手がかりになります。

BMG Work Book 47

ケース2

イノベーションのためのキャンバス

□事例　ブックオフのイノベーション

イノベーションを起こすための方法のひとつに、ゆらぎを起こす"震源"としてあるブロックの要素を追加や変更、あるいは削除してみる方法があります。各ブロックの関係性を見るために、あえて、震源地になる要素に変更を加えるやり方です。

ここでは、新たに"自分の店を持ちたい人"を追加して、キャンバスに変化を起こしてみましょう。

主なリソースである"買取・再販システム"と"ブランド"が、自分の店を持ちたい人にとって、課題を解決するための価値になっている点に気が付いたでしょうか？

こうしたイノベーションのために変更されたキャンバスでデザインされたモデルがうまくいきそうだと思えたら、今度は書店を開業したい人たちに向けてフランチャイズオーナーの制度を提供する施策で実際に検証していきます。どうですか？ビジネスモデル・イノベーションの考え方も道筋を立てて、可視化すれば納得しやすくなることに気づかれたのではないでしょうか？

ブックオフのイノベーション

KP パートナー	KA 主な活動
	本を売る 本を買う
	KR 主なリソース
	買取・再販 システム ブランド
C$ コスト構造	
人件費（給料） 店舗代	

www.businessmodelgeneration.com

48　Tutorial

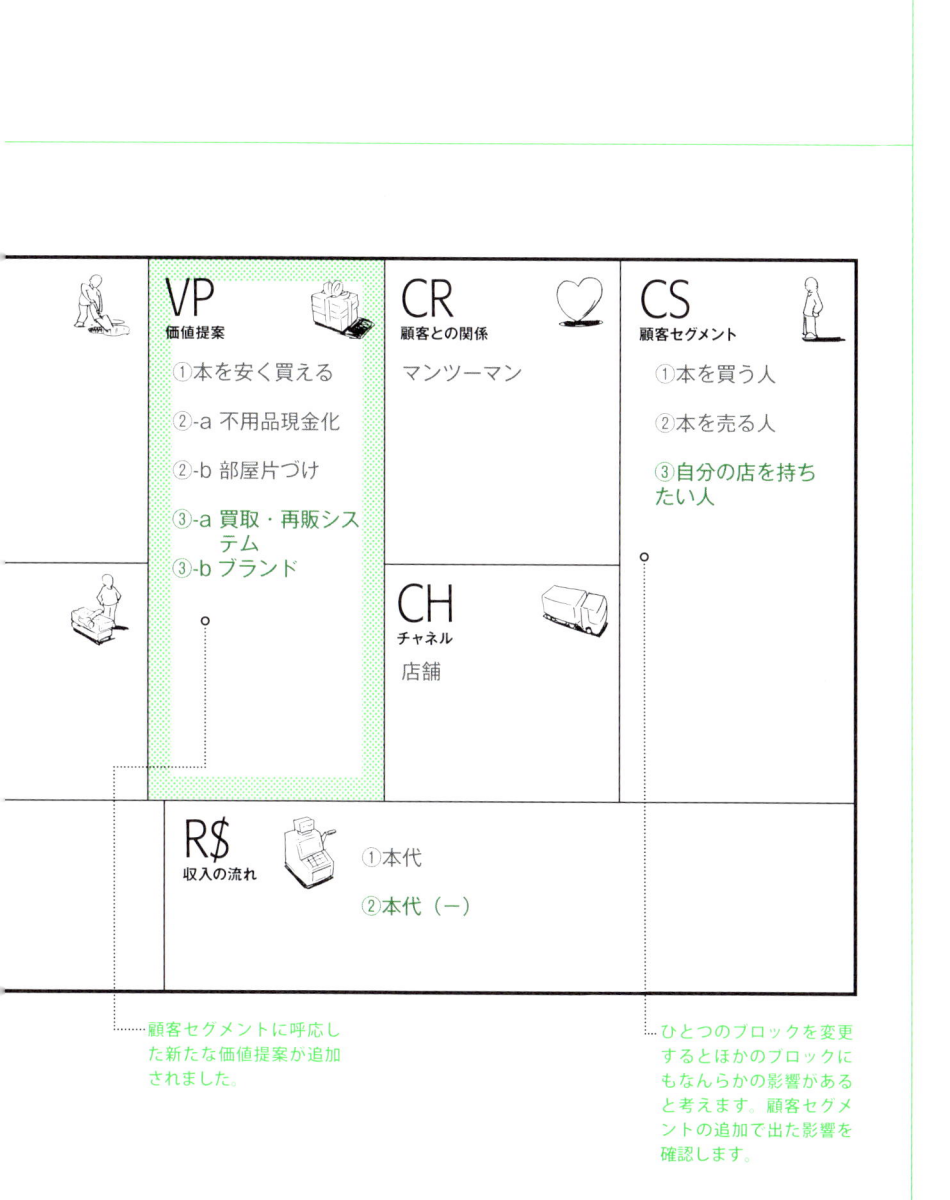

VP 価値提案 ①本を安く買える ②-a 不用品現金化 ②-b 部屋片づけ ③-a 買取・再販システム ③-b ブランド	**CR** 顧客との関係 マンツーマン **CH** チャネル 店舗	**CS** 顧客セグメント ①本を買う人 ②本を売る人 ③自分の店を持ちたい人

R$ 収入の流れ	①本代 ②本代（−）

⋯⋯顧客セグメントに呼応した新たな価値提案が追加されました。

⋯⋯ひとつのブロックを変更するとほかのブロックにもなんらかの影響があると考えます。顧客セグメントの追加で出た影響を確認します。

BMG Work Book 49

Busi
Cas

PART 2

ケース別実践事例：
組織、企業のBMG活用例

企業や組織におけるBMGの活用

□現場へのBMG導入

BMGを導入する目的は、企業や組織にとっていろいろ考えられます。BMGのメソッドが有効だと思っても、簡単に導入できないというご相談をいただくことがあります。大きな企業に帰属している場合は、上司やメンバーに導入のメリットを説明しなければなりません。また、比較的自由度の高い組織でも活用するメンバーが効果を評価してくれないと導入が進みません。以下はBMG、もしくはキャンバスの利用をすでに行っている企業がどのような場面でどのような効果を期待しているかの活用例を挙げています。自分たちの課題に近いものを見つけて参考にしてください。

① 営業部門で、今までの提案のスタイルが通用しなくなり、提案先のビジネスモデルをメンバーに把握させた上で、より競争力の高い提案力を身につけさせたい。
② 研究＆開発部門の業務において、事業開発部門などと合同で、5年後、10年後の自社の新規ビジネスを検討している。
③ システムエンジニアを多数抱えており、顧客の御用聞きや受けのプリセールスから脱却し、顧客のビジネスを理解した高い提案力を持った人材を育成したい。
④ サポートや資金を得るために、アイデアやプランを「売り込む」ための社内プレゼンで。プレゼンを補強する強力な可視化ツールが必要だ。
⑤ 経営企画部門として、現状のビジネスモデルにおける急務は何か？どのように実現可能かを論理武装して社内に伝えたい。
⑥ 新規事業開発を実行する立場にあり、チームマネジメント、戦略策定、プロセスを効果的に進めたい。
⑦ マネジメント研修に、新規事業創造や、人材の配置転換のためのトレーニングを実施する必要がある。
⑧ 組織の目標を理解し、共有する意識づけを行うことで離職率の高さを改善したい。
⑨ スタートアップのベンチャー企業において、企業のトップだけが頭の中で理解しているビジネスモデルを組織全体で共有・理解するためのフレームワークが必要だ。
⑩ 資金調達などに必要な自社のビジネスモデルの紹介を的確に行うための可視化ツールとして。

新しいアイデアを生み出す

個人にとってはアイデアを描き出していくための、そしてグループにとってはアイデアを一緒に構築するためのツールとしてキャンバスを活用します。ビジュアルによるモデルを使うことで、ある要素に手を加えたときのシステム的なインパクトを考えやすくなります。

コミュニケーションの向上

ビジネスモデルや重要な要素を伝える段階で、可視化できるキャンバスは千の言葉に匹敵します。そのビジネスに携わるメンバーは、少なくとも、ビジネスモデルの共通理解をしておく必要があります。それにより、同じ戦略によって進むことができます。キャンバスは、その共通理解を醸成するのに最適な方法です。

ワークショップや
グループディスカッションの重要性

☐ワークショップ　☐ファシリテーター

チーム作業が効果的

BMGを実践する上で、ワークショップの開催やグループディスカッションを多用するなど、チーム作業で行ったほうが効果的です。自分の頭だけで、ビジネスモデルを分析したり組み立てたりするよりも、体を動かして、書きながら様々な意見を出し合うことで、多くの気づきが得られることがよくあります。

特にビジネスモデルのイノベーションを考える仕事は、起案部門や企画部門や経営戦略部門だけで行うのではなく、多様なメンバーによって行ったほうが良いアイデアが生まれます。ビジネスモデルの新しい構築ブロックや、構築ブロックの新しい組み合わせを探し出すことが必要です。当然、流通チャネル、収入の流れ、リソースといったキャンバスの9つの構築ブロックすべてにかかわります。そのため、様々な分野からのインプットとアイデアが必要になります。

場合によっては、外部の方をディスカッションメンバーに加えたりすることもあります。ワークショップを開催して、様々なメンバーを参加させる場合や、重要なミーティングにおいては、参加者が人の話を積極的に聞くようにうまく話を広げたり、進行管理を行うために、中立的なファシリテーターが参加することも必要になります。

最終的には、現場でそのモデルが実際に有効なのか検証していくことが必要です。様々なアイデアを検討した上で、現実に実効できるモデルに集約していきます。その際、キャンバスで作成したモデルが現実的でないこともあるかもしれません。その場合は、業務に精通しているメンバーの意見をもらいながら、軌道修正していきます。

最初から限定した可能性だけに固執するのではなく、なぜそのモデルの実現が難しいのかも含めて多くの可能性にたどり着けるかどうかが、大きな壁を破るきっかけになるということを心に留めておきましょう。

グループディスカッションとは

時間を決めて複数の人数で課題について話し合い、
他人の意見を交えてより良い成果を出すことを目的とする。
「会議」「ミーティング」もこれにあたる。

グループディスカッションの流れ

1. 課題（テーマ）を決める
   ▼
2. 役割分担する
   ▼
3. 討論を行う
   ▼
4. 討論の結果を発表する

グループディスカッション成功5つのポイント

① ルールやテーマを理解している
② （初対面の場合）自己紹介を行う
③ 時間配分を決めておく
④ 結論を出す（まとめる）
⑤ ちゃんとメモを取る

ワークショップは異なる背景のメンバーで行う

- 様々な事業所や部署
- 異なる年齢層
- 異なる専門領域
- 異なる業種や分野での経験
- 勤続年数がバラバラ
- 異なるバックグラウンド（出身・経験）

実践のヒント
導入から運用までの流れと実務への活用方法
□どのように利用するか

BMGはビジネスに携わる誰もが使えます。大企業や教育機関はもちろん、個人商店、中小企業、非営利団体やおおよそビジネスとは無縁と思われる組織であっても、その活動や事業をより良いものへと変革したいという意図さえあれば、成果をあげることができます。企業では、経営企画、事業開発、戦略人事、研究開発、マーケティング・プランニング部門などから導入する場合が多いのが実態です。

例えば、これから立ち上げようとする事業の場合は、どのようなモデルが適正なのかを見つける、本格的に立ち上げる前にモデルをテストするなどの目的があるでしょう。また、市場のフィードバックを受けつつ、継続的に適応させるためのモデル作りかもしれません。既存の事業の場合は、新旧のモデルを連携させたり、現状の課題を浮き彫りにして危機を脱するために用いることも必要かもしれません。ポイントとなるのはキャンバスをつくりあげることが目的ではなく、あくまでもこれから実施する現状のビジネスの課題を打破し、新規ビジネスの検証などイノベーションを起こすためのアイデアをデザインし、実行に結び付けるために活用していきます。継続的にキャンバスに戻り、修正や方向転換をしながら現状の最適なモデルを選択していくことを繰り返します。ビジネスモデルは、デザイン→プロトタイプ→実行・検証を継続的に行うことが重要です。

実行や検証のフェーズでは、思うような結果が得られないこともあるかもしれません。ビジネス環境の変化に伴って見直しのためのプロトタイプをいくつか試してみたり、違う視点のモデルを検証してみるなど現場に即したアプローチを継続的に行うことで良い結果に結び付けることができるようになってきます。これからの時代は、職種や役職に関係なく、ビジネスを自分でデザインしていくという感覚を身につけることが求められてきます。こうした訓練をしている人と考えたこともない人とでは、大きな差があるのです。いくつもの課題と可能性を想定しておくことは、実際にビジネスが暗礁に乗り上げてから対策するのでは、雲泥の差が生じます。いかに多くの打ち手（アイデア）を持っているかが、勝負の分かれ道です。

BMGをはじめて導入する場合の順番

① Draw
現状の把握

② Reflect
見直し

③ Revise
修正

④ Act
実行・検証

デザインプロセス（35ページ）で説明した 1 Draw（現状の把握）、2 Reflect（見直し）3 Revise（修正）4 Act（実行・検証）の順番で進めます。何度かキャンバスの修正を行った後、イノベーションを繰り返す必要が生じたら、順番通りにステップを進めなくても大丈夫です。並行して進めたり、見直しのためにプロセスを繰り返す場合もあります。

ケース1-1

新規事業を立ち上げる

□新規事業のビジネスモデル

新規事業を立ち上げるにあたって、これから自分たちが進めるビジネスがどのような競争力を持っているのか説明できないと、出資者から投資してもらうこともできません。そこで、自分たちのビジネスの優位性や根幹のビジネスモデルを把握するためにもBMGの活用は有効です。

キャンバスに新規事業のビジネスモデルを落とし込むことで、いろいろなアドバイザリーから意見やアドバイスをもらう際にも、簡潔に説明できる点やあらかじめ想定しうる課題を浮き彫りにしやすくなります。修正点をキャンバスに反映し、潜在顧客へのヒアリングなどの作業を繰り返すことで、ビジネスモデルをより強固なものにブラッシュアップすることができます。

新しい床屋のスタイル

ここでは、"10分の身だしなみ"のキャッチフレーズの床屋コンビニともいえる「QBハウス」の例を紹介してみます。

QBハウスをご存知でない方にも分かりやすいように、WEBページから彼らのサービス概要を引用してみます。

> *QBハウスとは、通常、一般のサロンで行うシャンプーやブロー・シェービング等、お客様ご自身で出来ることはサービスに含まず、お客様が出来ないこと『カット』のみに特化したサービスを提供するヘアカット専門店です。お客様のカットに要する時間は、約10分。価格は、1,000円（税込）にて提供いたしております（引用）。*

QBハウスでは、このようにカットに特化し、時間も10分で1000円という床屋の新たなスタイルを提案しています。駅前やビジネス街で見かけたことがありますが、確かにちょっと立ち寄って、身だしなみを整えるには便利そうです。

時間をかけずに手軽にカットしたいビジネスパーソンを主なターゲットとし、オフィスや駅近など好立地での店舗展開に注力しています。

サービスの内容

カット	●	カラーリング	×	シェービング	×
シャンプー	×	ブロー	×	パーマ	×

QBハウスのフォーカスした顧客のニーズ

既存の床屋
- 1時間程度の時間
- 4000-5000円
- シャンプーや顔そりなどのサービス
- 自宅の近隣

ニーズ:休日に、ゆっくり時間をかけてリフレッシュしたい

QBハウス
- 10分という短時間
- 1000円という低価格
- オフィスや駅の近く、ショッピングセンター

ニーズ:平日など、仕事の空いた時間に安くて、早くカットしたい

ケース1−2

ブルー・オーシャンをいかに見つけ出すか

□ブルー・オーシャン戦略　□信頼関係

　前ページのQBハウスのビジネスモデルの特徴は、既存の床屋のサービスから省けるものはすべて省き、一方で時間の短縮、駅近、低価格などの価値を追加していることです。これは、既存の床屋ビジネスと競争するのではなく、異なる価値を見出すことで新たな市場を生み出した例といえます。

　このように既存の市場に参入するのではなく、新たな市場を開拓することを、誰もいない海に漕ぎ出す意味から「ブルー・オーシャン戦略」といいます。新規事業を立ち上げるとき、その事業に対する信頼度や経験が少ない分、いかにブルー・オーシャンを見つけ出せるかが成功の大きな鍵となります。こうしたイノベーションにはその他に、既存の競合のビジネスモデル・キャンバスにある種の変化（震源地）を起こすことで、新たなモデルを考え出す方法などもあります。

　QBハウスのビジネスモデルのキャンバス記述例を見てみましょう。既存のモデルの場合、主に休日などリフレッシュしながら身だしなみを整えることが床屋に行く目的となります。こうした顧客を対象と考えた場合、シャンプーや顔そり、マッサージなど、リフレッシュできるサービスを付加していくことが通常、差別化と考えられやすいのですが、QBハウスでは業界の標準的なメニューにとらわれることなく、「安さと手軽さ」に価値提案の主軸を置いたことで、他社との明確な差別化が実現できています。

キャンバスは常に更新される

　新規事業の立ち上げの場合には、ビジネスモデルをデザインするフェーズと実ビジネスを運用していくフェーズが並行して進めなければならないこともあるでしょう。また、実際に現場で検証していくと思ってもいなかった課題が持ち上がることもあります。その場合は、常にキャンバスに立ち返り、要素の見直しや修正を行い、再度検証していくことが重要です。キャンバスはいったん作り上げたら完了ではなく、必要に応じて更新することも忘れないでください。

QBハウスのビジネスモデル

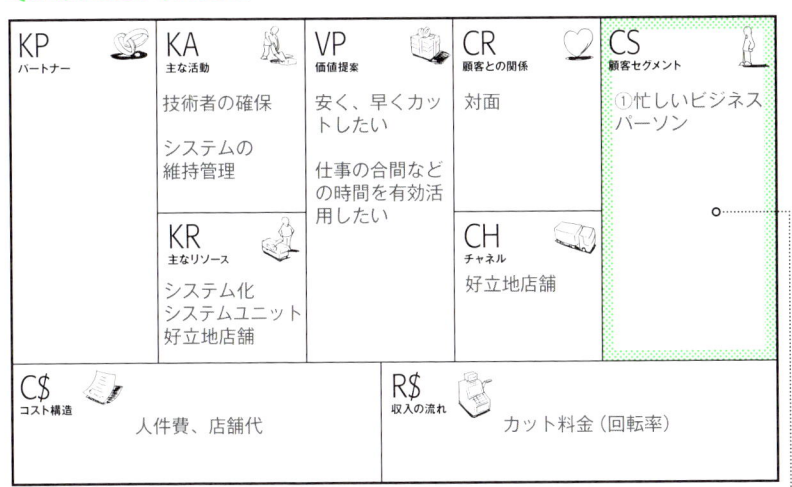

KP パートナー	KA 主な活動 技術者の確保 システムの維持管理	VP 価値提案 安く、早くカットしたい 仕事の合間などの時間を有効活用したい	CR 顧客との関係 対面	CS 顧客セグメント ①忙しいビジネスパーソン
	KR 主なリソース システム化 システムユニット 好立地店舗		CH チャネル 好立地店舗	

C$ コスト構造 人件費、店舗代	R$ 収入の流れ カット料金（回転率）

www.businessmodelgeneration.com

QBハウスでも当初の顧客セグメントのニーズを満たすための店舗は、オフィスや駅の近くでしたが、最近では、ショッピングセンターなどへの出店も多くなっており、買い物中の家族を待つ時間を活用した顧客層へのアプローチも進んでいることが想定できます。このようにビジネスの成熟度に合わせて、何度もキャンバスの見直しを行うことが大切です。

顧客セグメント
1-1平日を中心としたオフィスや駅を多用する顧客、1-2休日に家族の買い物時間などを利用する顧客に分かれることも考えられます。こうした違いは、チャネルなど顧客とのコンタクトポイントを検討する場合には、詳細に記述したほうが良いでしょう。

ケース 2−1
顧客セグメントを開拓するための プロジェクトを想定したキャンバスの利用例
□新規顧客開拓　□新たな活路を見出す方法

　航空会社を例に、新たな顧客セグメントを開拓したLCC（格安航空会社）のビジネスモデルを検証してみましょう。最初に、既存の航空会社（フルサービスキャリア）のキャンバスを作成してみます。ここでは、分かりやすくするために右側のキャンバスにフォーカスして説明します。QBハウスの例でも少し触れましたが、既存のビジネスモデルから新たなイノベーションを生み出すためには、同業他社や競合のビジネスモデルの研究から入るのが分かりやすい方法です。
　では、各ブロックの要素を見ていきましょう。旅行に飛行機を利用しようと思う顧客セグメントを、旅行で利用する一般客と出張で利用するビジネス客を記述しました。それぞれの顧客セグメントに対する価値提案は、両セグメントに重複する場合もありますが、特徴的な部分は出張で利用するビジネス客の場合は、急なスケジュール変更にも対応できる柔軟な対応や定時運行などのニーズが強いことです。さらに一番重要なのは、当然ながら価値提案（VP）のブロックです。まさに顧客が何に対して、お金を払おうと思ってくれているかという源泉になります。キャンバスの最も中心に描かれている「価値提案」がすべての要素をつなぐ要です。
　では、従来のフルサービスキャリアのキャンバスに新たな顧客セグメントを見出せないか検討します。顧客セグメントに大きなイノベーションを起こすためには、例えば"明日から従来の顧客セグメントのすべてがなくなってしまったらどうなるか？"というような発想から、変化を見ていく方法があります。
（1）既存の顧客セグメントをさらに細分化して検討してみると、価格を重視する顧客が多いと仮定できます。そこで、キャンバスに新たな価値提案「安く、早く到着したい」を追記してみます。
（2）昨今の経済環境から価格重視の顧客が多いのは想定できます。その顧客セグメントのニーズを簡潔にいうと「安く、早く到着したい」価値に集約できます。
（3）顧客ニーズに基づく顧客セグメントとそれらのニーズに対応する価値提案の整合性が取れていることが分かります。

既存の航空会社（フルサービスキャリア）のキャンパス

KP パートナー	KA 主な活動	VP 価値提案	CR 顧客との関係	CS 顧客セグメント
		①快適な空の旅 ①おいしい機内食・アメニティ・エンターテインメントなど ②移動時間の短縮	FSP（FFP）によるマイレージ付与（囲い込み） B2B営業	①旅行を楽しむ一般客 ②出張のためのビジネス客 ③価格重視の客
	KR 主なリソース	②定時運行 ②顧客の急な要望に柔軟に答える ③安く、早く移動したい	CH チャネル 代理店 WEB 空港カウンター	

C$ コスト構造	R$ 収入の流れ

www.businessmodelgeneration.com

価値提案
顧客セグメントの3 顧客ニーズを価値提案に追加します。

顧客セグメント
3 価格重視の安く、早く移動したいという価格重視の顧客セグメントを価値提案に追加します。

価値提案についての理解と整理

	顧客セグメント（顧客ニーズ）	価値提案（顧客にもたらす価値）
フルサービスキャリア	ビジネス客や大都市間を移動する顧客（機上でのサービスを楽しむニーズ）	ゆったりとしたシートと十分なサービスでフライトを楽しんでもらう
LCC	ゆったりとしたシートと十分なサービスでフライトを楽しんでもらう	必要なサービスの提供、移動時間の短縮

ケース2−2

新たな顧客セグメントだけに
フォーカスしたLCC

□LCC（格安航空会社）のモデル

従来のフルサービスキャリアに新たな顧客セグメントを追加したキャンバスから、価格重視の顧客セグメントにフォーカスしたビジネスモデルがまさにLCC（格安航空会社）のモデルということになります。

顧客セグメントも細分化してみると、とにかく価格重視で選定している顧客と時間的な余裕があるため、タイミングがあえば安いときに利用したいという顧客の両方が考えられます。さらに、キャンバスのブロックに新たな要素が加わることで、そのほかのブロックの要素に影響を及ぼします。例えば、LCCでは、顧客との接点は主にWEBなどのオンラインなどセルフサービスが中心となっています。空港でのチェックインや荷物の移動なども極力顧客自らが行うことが求められます。また、航空機の統一による整備コストの削減、機内清掃をCAが行うなどあらゆる側面で低コスト化を実現することを重視した構造を目指しています。一方、接客サービスなどは必要最小限であり、快適さやプレミアム感を味わいたい顧客が求めるニーズとは明らかに一線を画したものになっています。

価値提案を見出すための4つのポイント

新規顧客開拓を考える場合、一番重要となるのは前述したとおり、顧客のニーズをいかに解決するかという価値提案にあります。この価値提案を新たな切り口で見つけ出すためには既存のサービスに備わっている要素を取り除くことも時には必要です。また、市場参入が後発になる場合は、既存のビジネスモデルと対等に戦うだけでは差別化を図ることが困難です。そのため、新たな価値提案を打ち出すことが重要です。新たな価値提案を見出すための考え方として、次ページに挙げた4つのポイントがあります。言われてみれば非常に単純で簡単だと思うかもしれませんが、新しいサービスのほとんどがこれらの発想に分類されますので、この図を頭に入れておくと便利です。

LCC（格安航空会社）のキャンバス

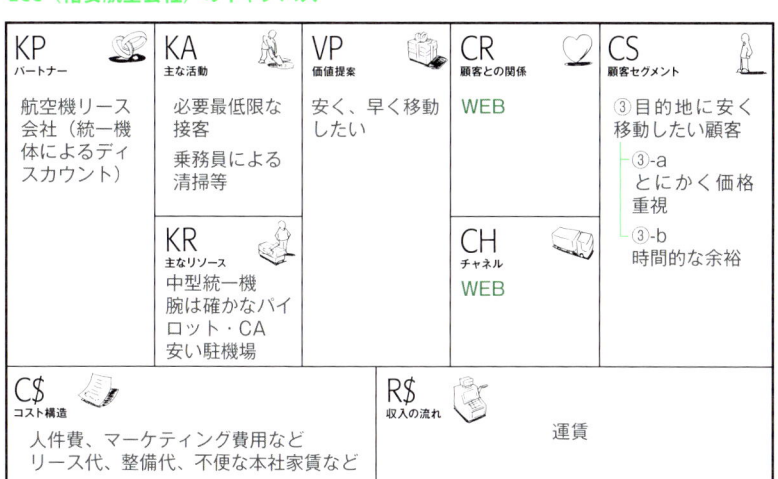

KP パートナー	KA 主な活動	VP 価値提案	CR 顧客との関係	CS 顧客セグメント
航空機リース会社（統一機体によるディスカウント）	必要最低限な接客 乗務員による清掃等	安く、早く移動したい	WEB	③目的地に安く移動したい顧客 ├③-a とにかく価格重視 └③-b 時間的な余裕
	KR 主なリソース 中型統一機 腕は確かなパイロット・CA 安い駐機場		CH チャネル WEB	

C$ コスト構造	R$ 収入の流れ
人件費、マーケティング費用など リース代、整備代、不便な本社家賃など	運賃

www.businessmodelgeneration.com

価値提案を見出すための4つのポイント

❶ 省く
既存のサービスや製品に備わっている要素で省けるものは何か？

❷ 減らす
業界標準より減らしてみたらどうか？

❸ 追加する
今までなかった提供されていなかった要素を付け加えたらどうか？

❹ 増やす
業界標準よりも圧倒的に増やしてみたらどうか？

ケース3-1
事業の国外展開事例　その1
□キャンバスの検証　□価値提案

昨今では、自社の事業の一部あるいは全部を海外にも展開しようと試みる企業や、近い将来を見越してあらかじめ、海外展開を想定した事業戦略を策定している組織もあります。成功を収めているグローバル企業の多くは、最初から世界を意識したビジネスモデルを設計したと語っています。どんなところでも通用するビジネスモデルのデザインが望ましいのはもちろんです。しかし、ネットビジネスや一部のビジネスモデルを除けば、一般的にその国の商習慣や文化的背景などに大きく左右されることが多いので、成功しているモデルが必ずしもどの国でも成功するわけではありません。その際に留意すべきは、現状のキャンバスがそのまま成り立つものなのか、一部の変更だけで実行可能なのか検証することが必要です。では、どのような点に留意してビジネスモデルに変更をくわえるべきなのでしょうか？ここでは、46ページでご紹介したブックオフを例にしてみます。

ブックオフは、すでにご存じのとおり、中古本が安く手に入ることが大きな価値提案のひとつとなっていました。最初に確認しておく必要があるのは、やはり顧客セグメントと価値提案がそのまま、海外でもあてはまるのかどうかでしょう。なるべく現状のモデルから大きく逸脱せずにノウハウを活用できるモデルを検討することは経営資源を分散させないためにも重要です。

ブックオフの場合は、日本以外の海外にビジネスを展開するためには、まず対象国の言語の書籍を対象にするのか、日本語書籍を対象にするのかで大きくビジネスが変わります。各国の既存の書店と競合してしまうのは、後発参入となる海外では不利ですから、例えば、現行モデルのリソースや在庫などのアドバンテージを生かすために、海外に居住・もしくは滞在する日本人をターゲットにしてみます。ビジネスや勉学のために海外に居住する日本人は約100万人以上とされていますし、海外では、日本語の本は価格も高く、購入できる書店も限られています。これなら、現状のブックオフの買取・再販システムを活用し、ブランド力も十分に生かした形で海外に展開できるとデザインできます。

ブックオフの現在のキャンバス

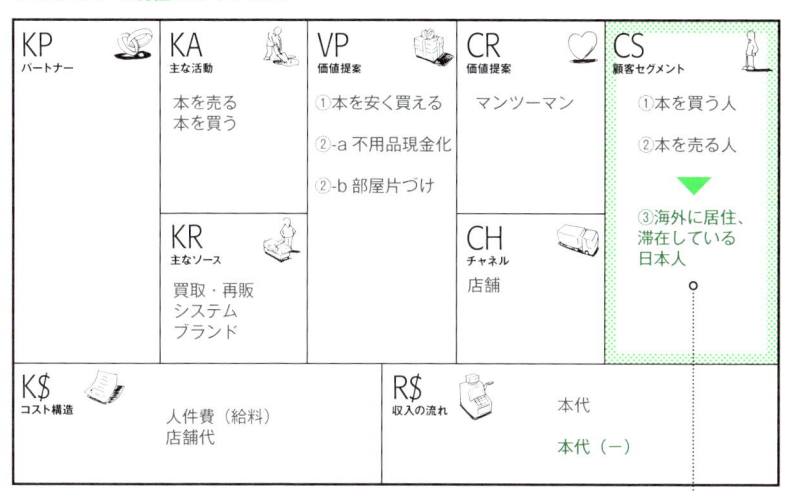

KP パートナー	KA 主な活動 本を売る 本を買う	VP 価値提案 ①本を安く買える ②-a 不用品現金化 ②-b 部屋片づけ	CR 価値提案 マンツーマン	CS 顧客セグメント ①本を買う人 ②本を売る人 ▼ ③海外に居住、滞在している日本人
	KR 主なソース 買取・再販 システム ブランド		CH チャネル 店舗	

K$ コスト構造 人件費（給料） 店舗代	R$ 収入の流れ 本代 本代（ー）

www.businessmodelgeneration.com

では、海外に居住・もしくは滞在する顧客セグメントを新たにキャンバスに加えた場合に、価値提案は現状のままで良いでしょうか？

ケース3-2
事業の国外展開事例　その2
□海外展開におけるキャンバス　□価値提案

例えば、先日パリに出張に行った際に会ったフランス郊外に住んでいる日本人の方からこんな話を伺いました。「パリに来る楽しみとしては、おいしい日本食レストランに行くこととブックオフに立ち寄ることです」。
やはり、海外では日本の本を安く手に入れることは難しいようで、ブックオフで日本語の本を大量に安く購入することがリピート客の大きなモチベーションになっているそうです。現在、ブックオフではハワイ、ニューヨーク、ロサンゼルス、パリ、ソウルなど限られた都市への出店にとどまっているようですが、すでにニューヨークに暮らす日系人にとっては、生活の一部となっているとも聞いたことがあります。

では、キャンバスを参照しながら、海外に住んでいる日本人にとって、ブックオフのもたらす価値提案とは何でしょうか？
もちろん、国内のキャンバスと共通する部分もあるとは思いますが、ここではあくまでも特徴的な要素に絞って考えてみましょう。日本語の本を安く購入できることは大きなメリットです。さらに限られた在庫しか手に入れられない海外では、在庫の多さ、バリエーションの豊富さは大きな魅力になるのではないでしょうか？豊富な在庫に店舗で直接手に取って探すことができるのは、大きなバリューになります。実際に、ニューヨークのブックオフでは毎週日本から、最新のマンガ、雑誌、ビジネス本、小説、エッセイ、児童書、洋書などの書籍やCD、DVD、ビデオなどを取り寄せており、20万点以上の在庫数を誇っているそうです。しかも、書籍に関しては1ドルから販売しており、格安で質の高い商品が手に入るのも日本とあまり変わりません。

これは、わざわざ日本語の本を高い金額で必要に応じて取り寄せていた人にとってみれば、まったく新しいサービスとして受け入れられたことでしょう。

ブックオフの海外展開におけるキャンバス

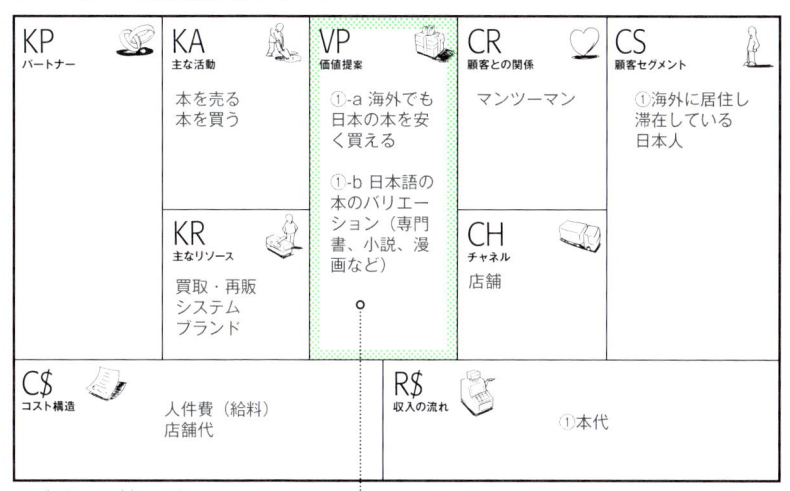

KP パートナー	KA 主な活動	VP 価値提案	CR 顧客との関係	CS 顧客セグメント
	本を売る 本を買う	①-a 海外でも日本の本を安く買える ①-b 日本語の本のバリエーション（専門書、小説、漫画など）	マンツーマン	①海外に居住し滞在している日本人
	KR 主なリソース 買取・再販システム ブランド		CH チャネル 店舗	

C$ コスト構造	R$ 収入の流れ
人件費（給料） 店舗代	①本代

www.businessmodelgeneration.com

> 海外の場合は、日本語書籍の希少性という背景から、顧客の問題解決につながる価値提案が異なってくる点に注目してみましょう。
> そのため、安さだけてなく、様々な分野の書籍の在庫が海外のブックオフでの価値につながることが分かります。

ケース4−1
商品開発プロジェクトへの活用例

□顧客セグメント　□価値提案

商品開発のプロジェクトなどに活用するための例をご紹介します。ここでも重要となるのは、顧客セグメントと価値提案のブロックです。自社製品を商品として商材化するためには、自分たちの顧客が潜在的に求めているニーズにまで踏み込んで把握しておくことが重要です。顧客セグメントを分析できる情報をあらかじめ準備し、ディスカッションしながら記述しますが、時には従来の既成概念の枠組みを忘れて、本質的な価値を探ることが求められます。従来の顧客データをはじめ、市場調査などのデータをもとに想定されうるすべての顧客セグメントを記述し、その中で今回の商材でフォーカスすべき顧客セグメントに絞り込む作業を何度も行ってみましょう。

アイロン（家電）の商品開発

メディアでも注目されている「男前アイロン」を例にご紹介してみましょう。「男前アイロン」は、"ものづくりの街"として近年注目を集める東京・台東区の業務用電熱メーカー石崎電機製作所が開発した家庭用スチームアイロンです。"こだわる人だけ使いたくなる"というキャッチが付けられており、アイロンを道具として追求し、質実剛健で「高性能」「壊れにくい」「コンパクト」を実現しています。最初からこうしたコンセプトの商品を開発していたわけではありません。同業他社と同様に家電の低価格化の波に伴い、低価格で手軽、コードレスなど主婦や女性をターゲットにした軽便な商品開発に注力していたといいます。

しかし、海外のさらに低価格のアイロンがどんどん市場に浸透するや価格競争で戦う限界に気が付きます。そこで、自分たちの価値を見直し新たな商品開発を行う一大プロジェクトを実行したという経緯があります。新規アイロンの企画にあたり従来のメインターゲットである一般女性の意見を収集するところから製品作りを開始しましたが、意外に男性もアイロンがけをしていることがわかり、男性にも女性にも受け入れられるようにするにはどうしたら良いのか？ということを追求したのです。

既存の枠組みにとらわれない

既存の枠組み

いったん、枠組みを忘れる

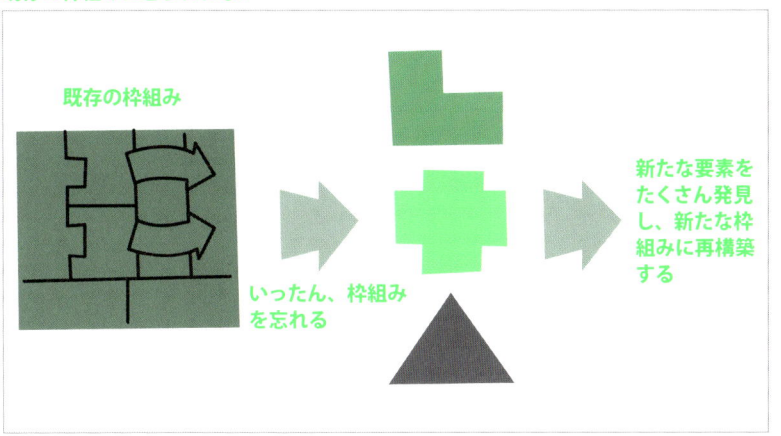

新たな要素をたくさん発見し、新たな枠組みに再構築する

価値提案についての理解

	顧客セグメント （顧客ニーズ）	価値提案 （顧客にもたらす価値）
思い込みによる価値	・アイロンを手軽に扱いたい主婦や女性 ・クリーニングよりコストをかけたくない人	・軽い、使いやすさ ・低価格
本来アイロンが提供すべき価値	・こだわりを持つ人 ・普段から身だしなみに気を使っている人 ・アイロンを手軽に扱いたい主婦や女性 ・クリーニングよりコストをかけたくない人	・短時間でしわを伸ばし、衣服を美しく仕上げる ・こだわり志向を満足させる

グループインタビューなどの聞き取り調査を行うことで、より実際の顧客ニーズに近い意見を吸収できます。

ケース4-2
価値提案を見直す
□ 潜在的ニーズへの気づき

　従来のアイロン市場の顧客セグメントは業界特有の思い込みによって、家庭の主婦を中心とした女性にターゲットされた商品開発が行われていました。取り扱いの手軽さや価格競争の激化でアイロンの機能、すなわち顧客が解決したい価値の追求がおろそかになっていたことも否めません。アイロンに求められる本質的な価値について、顧客が解決してほしいことに立ち返ってみれば、"家庭でも短時間でしわを伸ばし、衣服を美しく仕上げる"ことに帰着します。

　つまり、低価格や軽便さを求める顧客セグメントの存在だけにとらわれるのではなく、アイロンが顧客に届けなければならない本質的な価値をもう一度見直したことで、重要な盲点に気づいたわけです。TVのインタビューでも開発担当者が「アイロンはパワーと持続力が重要です」とコメントしていました。

　そのため、「男前アイロン」の特徴は、90秒で使用可能温度に達するという業界トップクラスの立ち上がり速度と、大容量タンク、そして衣服のシワを狙い撃ちする先端強力ショット。交換部品の保有法定年数（6年間）を過ぎても部品のある限り修理を続けるという、サポートも売りです。キャンバスに反映してみると従来の価値提案とは全く違う切り口で商品開発していることが明確に把握できます。

顧客の潜在的なニーズに気づいているか？

　さて、しかしながらこうした顧客のニーズは、時代背景や経済環境によっても刻々と変わります。いかに顧客のニーズを時代と共に読み解くことができるかはどの企業にとっても大きな課題です。

　前述の、QBハウスにしても男前アイロンにしても、既存の価値とは異なる新たな価値や行動をあぶり出し、市場に変化を与える「イノベーション」によって生み出されたビジネスモデルと考えられます。

男前アイロンのキャンバス

KP パートナー	KA 主な活動 こだわりのある デザイン パワフルな スペック アフター サポート	VP 価値提案 ①こだわり志向 を満足させる ①＋② 短時間でしわを 伸ばし、衣服を 美しく仕上げる	CR 顧客との関係	CS 顧客セグメント ①こだわりを持つ人 ②普段から身だしな みに気を使っている 人
	KR 主なリソース		CH チャネル	

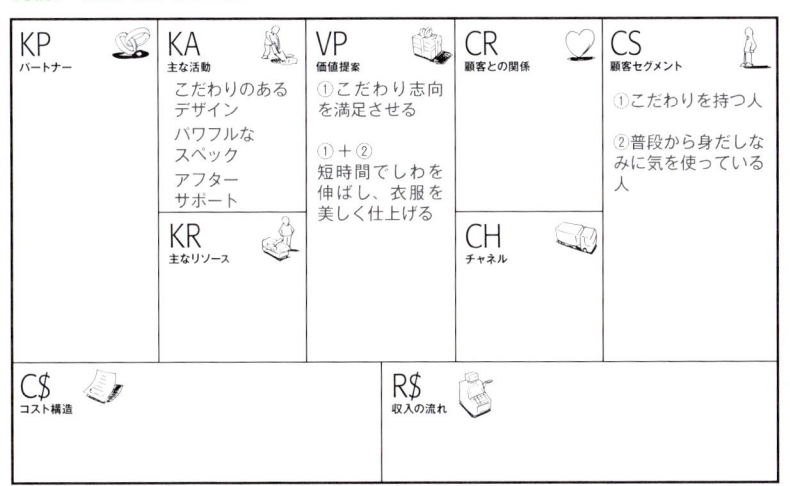

C$ コスト構造	R$ 収入の流れ

www.businessmodelgeneration.com

男前アイロンのキャンバスの一部を簡略化し て記述しています。こだわりのあるデザイン や高機能を顧客価値に入れる人が多いのです か、それは本質的なバリューではなく、結果 としてこだわり志向を満足させることが顧客 から見た価値という結果が分かります。

ビジネスモデル・イノベーションのための戦略とは

□レッド・オーシャン戦略

イノベーションのためのビジネスモデル・デザインを行う上で、いくつかポイントがあります。その中から、ご紹介してみましょう。

まずは、QBハウスの例でも言及したブルー・オーシャン戦略です。
この戦略は、「競合との競争に勝つ」のではなく「競合のない新たな市場の創造を目指す」ものです。フランスの欧州経営大学院（INSEAD）教授のW・チャン・キムとレネ・モボルニュにより、2005年2月に発表された著書『ブルー・オーシャン戦略』により提唱されました。
右のレッド・オーシャンとブルー・オーション戦略の表を参照してみてください。
全く新しい市場を創造すると考えるとなかなか難しいものですが、業界標準や他社が見逃している点に力を入れると考えるととっつきやすくなります。自社のキャンバスだけでなく、他社のキャンバスを研究してみることもお勧めします。

また、見逃している点はない場合も既存の市場を見直して新しい市場の定義を作り出していきます。例えば、既存の顧客を分析するのではなく、全然商品やサービスを使っていない人に着目していきます。また、ブルー・オーシャン戦略ではブルー・オーシャンを見出すための6つの視点を提案していますので、参考にしてみるのもいいかもしれません。
成功したブルー・オーシャン戦略は複数の模倣を防ぐメカニズムが働いている場合が多いのですが、いずれはレッド・オーシャンになっていくこともあります。ビジネスモデル・イノベーションのためには、こうしたデザインプロセスを繰り返し行うことが必要だと思ってください。

ブルー・オーシャンのための6つの視点

（1）自分たちの製品でなく代替品が選ばれる理由
（2）他社の商品が選ばれている理由
（3）購入する人や組織に影響を与えているステークホルダーにも目を向ける
（4）一緒に購入される商品やサービスをチェックし自分たちでカバーできるものはないか確認する
（5）機能と感性のどちらで顧客にアピールするかを切り替える
（6）将来を見通す

レッド・オーシャン戦略とブルー・オーシャン戦略

レッド・オーシャン戦略	ブルー・オーシャン戦略
既存の市場空間で競争する	競争のない市場空間を切り開く
競合相手を打ち負かす	競争を無意味なものにする
既存の需要を引き寄せる	新しい需要を掘り起こす
価値とコストのあいだにトレードオフの関係が生まれる	価値を高めながらコストを押し下げる
差別化、低コスト、どちらかの戦略を選んで企業活動をすべてそれにあわせる	差別化、低コストをともに追求し、その目的のためにすべての企業活動を推進する

出典：ブルー・オーシャン戦略（武田ランダムハウスジャパン）

顧客インサイトを共感マップで分析しよう

□共感マップ　□ブレーンストーミング

顧客インサイトに基づくビジネスモデル

良いビジネスモデルのデザインに、顧客視点が欠かせないことはこれまでのケースで挙げてきました。顧客から様々な意見や感想、主賓やサービスに関する改良点などを聞くことも非常に重要です。

しかし、顧客に「どんな商品やサービスが欲しいですか？」と尋ねて、いいアイデアが簡単に聞き出せることはまずありません。ビジネスにイノベーションを起こすためには、顧客インサイトを深く理解し、いち早く市場のニーズを顕在化することが重要です。

「顧客インサイト」とは、消費者の行動や態度の奥底にある、時には「本人も意識していない本音」の部分を見抜くことです。消費者インサイトなどとも呼ばれ、購買時の心のスイッチに大きく関与していることが広く知られています。

ホンネを見つけ出すことで、それをとらえる新商品開発やコミュニケーション企画に役立てる手法として有効です。そのためにBMGでは、共感マップを使ったブレーンストーミングを紹介しています。

「共感マップ」は、XPLANEが開発した顧客インサイトを分析するビジュアルシンキング型の思考ツールです。顧客のデモグラフィックな特徴だけでなく、取り巻く環境や行動、関心、願望などを把握するために用います。

このツールで話しあった顧客プロフィールによって、価値提案や顧客リーチの方法、顧客との適切な関係をデザインするために役立ちます。最終的には、顧客が何に対してなぜお金を払ってくれるのかを理解しやすくなります。

具体的には、ペルソナマーケティングの手法のように特定の顧客像を想定しながら、顧客の立場に立って、"どんなことを思うのか？""どんなことを言いそうか？"などなぜそのような行動をとるのかなどを分析していきます。

共感マップ

What does she
THINK AND FEEL?
顧客は何を考え感じているのか。

大きな関心ごと、心配、願望

What does she
HEAR?
顧客は何を聞いているのか。

友人、上司、インフルエンサーが言っていること

What does she
SEE?
顧客は何を見ているのか。

環境、友人、市場が提案するもの

What does she
SAY AND DO?
顧客はどんなことを言い、どんな行動をしているのか。

公の場での態度、様子、他人へのふるまい

PAIN
痛みを与えるもの

おそれ、フラストレーション、障害物

GAIN
得られるもの

ウォンツとニーズ、成功の基準、障害物

共感マップを活用することで、顧客のインサイトを探る手助けになります。

ビジネスモデル・ジェネレーション（翔泳社）130ページを参考に作成

BMG Work Book

共感マップの使い方

□インサイト　□ディスカッション

まず、ブレーンストーミングをして、ビジネスモデルに関係すると考えられるすべての顧客セグメントを書き出します。この中から候補を選び、そのうちのひとつを使って、インサイト（こころの中のホンネ）を探っていきます。

この顧客にまず名前をつけ、収入、既婚かどうかなどといったデモグラフィックな特徴を与えます。できるだけ具体的に名前や特徴、住所、家族構成、生活習慣、趣味などを想定した上で、次のような6つの質問に答えながら、顧客のプロフィールの構築を細かく行っていきます。

ただし、これは平均的でステレオタイプな顧客を対象にするのではなく、これからまさにターゲットとして顧客になってほしい人物をより実在の人物のように感じるための方法です。

（1）何を見ているのか：生活環境の中で何を見ているのか記述します
（2）何を聞いているのか：だれの影響をどのように受けているのか記述します
（3）何を感じ、何を考えているか：心の中のことを記述します
（4）何を言ったり、どんな行動をするのか：顧客が言いそうなこと、公の場での発言や行動といったことを想像します
（5）顧客の痛み：顧客が困っていることや課題意識などを記述します
（6）顧客が得られるもの：欲しているものなどを記述します

共感マップは、自分たちのビジネスモデルの仮説に対して、顧客視点がきちんと構築できているかを確認するために役立ちます。本当に顧客が望む問題解決ができているだろうか？この価値に対してお金を払ってくれると思うだろうか？などと問いながらビジネスモデルへのフィードバックを行うと効果的です。

共感マップをディスカッションする際には、ポジティブな意見だけでなくネガティブな意見も想定しながら、自分たちが抜けている視点がないか確認していきます。

QBハウスの顧客ターゲットとして想定した高田文雄氏の共感マップの例

QBハウスの顧客ターゲットとして想定した高田文雄氏の共感マップです。高田文雄氏のプロフィールは、以下を想定しています。

47歳　麹町で電気機器部品メーカー勤務
妻45歳、息子19歳大学生と3人暮らし
神奈川県川崎市在住

企業研修で企画・開発に活用する

□企業研修のBMG導入

企業においてBMGの導入を推進する目的は様々ですが、多くの組織はつぎの2つに集約されることが多いのが実情です。ひとつ目は、ビジネスの現場で実際のビジネスモデルのデザインや事業企画のためのフレームワークとして活用するケース。そしてもうひとつは、現場で活用する前段階としてビジネスモデルの理解を深めてもらうために企業研修のプログラムとして活用するケースです。今後予想される経営環境の中で、自分たちが提供できる価値は何かを、改めて把握し、自分たちの組織の方向性（ビジョン）を共有することが求められています。また、様々な戦略オプション（仮説）を検討し、より効果的、かつ、実現性の高い施策を選択していくことが必要です。

そこで、企業研修を通じ、BMGのメソッドを理解するための取り組みを行い、ビジネスにおける共通言語を使いこなすための手順をご紹介していきます。

研修の目的と主な効果

プロジェクトや事業のビジネスモデルを可視化し、真の顧客価値をプロジェクトメンバーと共有することを目指します。キャンバスの作成ができるようになるための研修を実施することで以下のような効果を期待できます。

①キャンバスの概念を理解し、取り組むビジネスモデルのキャンバスを作成することでビジネスモデルの全体像をよりシンプルに把握する。②自社や競合他社のビジネスモデルの理解を深め、新規ビジネスや新規サービスの開発のためのデザイン思考に役立てる。③複数のビジネスモデルから、あらかじめ想定されうる課題発見や新たな視点を養う。④現在のビジネスモデルだけでなく将来や考えうる可能性を可視化する手法が身につく。⑤異なる部署やバックグラウンドのメンバーとブレーンストーミングすることで、新しい価値観・切り口に接することができる。⑥経験年数やバックグラウンドに依存することなく、同じ視点で議論を進めることができる。

チェックシート

- ・事業やプロジェクトの拡大を目指している ☐
- ・企業のトップの考えるビジネスの方向性を知っている人間が少ない ☐
- ・社員が自社のビジネスモデルを十分に把握していない ☐
- ・ビジネス課題、問題を可視化する手法を持っていない ☐
- ・自社内でビジネス共通言語が存在しない ☐
- ・グループや部署がまたがるディスカッションはあまり実施しない ☐
- ・個々のビジネススキルにばらつきがある ☐
- ・営業の成果が思ったようにあがらない ☐

こちらのチェックートで該当する数が多い場合は、BMGの研修を検討されることをお勧めします。

導入・実践企業の声

短時間で使える実感を持てるまでに至った。

複数人でディスカッションしたり、新しいビジネスモデルのアイデア出しに使ったりするには、とても適しているフレームワークだと思う。

わずかな時間のワークショップで習得できる、こんな可視化ツールは、とても洗練されている。導入が容易。

複雑な要素が絡むビジネスモデルを、シンプルに1枚の紙に表現し、議論することができる。

管理職研修の実施

□グループセッションの実施

管理職向けの研修の場合、BMGのメソッドをより現場に広く活用するための、重要なエバンジェリスト育成やシニアマネジメントの育成を目的として行うことが多いため、より現場のビジネスを意識したテーマを議論することが求められます。対象者のすべてが、経営者視点を持ってビジネスに取り組むことを目指します。実際にビジネスの拡大や新規事業開発などのミッションを持っているメンバーを対象にする場合も多く、なるべく事業にかかわる広い部署からのキャンバスを描くためのデザインチームのメンバーを決定したほうが効果的です。

最初の研修としては、ワークショップの開催を中心に、キャンバスを描くためのグループセッションを実施します。ワークショップに参加するメンバーは、必ずしも対象となるビジネスに精通していなくても構いませんが、最終的にはビジネスの市場環境や現状の流通ルートなどを熟知しているメンバーを加え、ブラッシュアップすることが必要となります。

もしも、否定やネガティブな体質を持っている組織の場合は、部署や業務のバックグラウンドなどがばらばらでいろいろな意見を持ったメンバーを参加させるワークショップを行い、思い込みやしがらみにとらわれない新たな見解や気づきが得られることを重視することも必要です。

研修実施後は、具体的に対象となる現場のビジネスモデルを、キャンバスを用いてデザインし検証を行います。グループでのワークショップを度々開催したり、なるべくフォローアップによるビジネスモデルの見直し、現場からのフィードバックなど継続的に集まる機会を多くするなど、自主的に現場で運用してもらえるまでモニターすることも重要です。理想は管理職の研修後、中堅層などより幅広い層に普及させるためのワークショップなどを行うことです。より多くの組織メンバーがキャンバスを活用しやすくなります。

管理職研修のプロセス

1. キックオフ	対象となるプロジェクトメンバー、およびビジネスの課題と研修のゴールを明確にします。
2. プロジェクトの用件定義	課題や現状分析をもとに、解決する課題の範囲とゴールを共有し、BMGメソッドを活用した認識合わせを行います。
3. BMGワークショップの実施	ビジネスモデルの視覚化と変革のためのアイデアをワークショップにより明確にし、参加メンバーと共有します。
4. ビジネスモデルの見直し	プロジェクトのビジネスモデルを共有化したのち、実際のビジネスを運用していく中で検証を行い、課題解決のプロセスを実施します。
5. フォローアップ	プロジェクトのビジネスモデルの評価・検証に加え、今後の改革を継続的に行うための指針作成および振り返りを実施します。

中堅社員向け研修の実施
□コミュニケーション能力の開発

中堅社員向けに研修を行う場合は、これから各々の部署でリーダーになっていく幹部候補を中心に、これからの組織を担う期待される人材として研修を行うことが多いのではないでしょうか。自分たちの進むべき可能性を検討していくための考え方、モデリングアプローチを把握できれば、イノベーションに最も貢献する可能性が高いため、現場に即したビジネスモデルのデザインはもちろんですが、それだけにこだわることなく、アイデアを可視化する練習を中心に行うことが重要です。

また、今後自身の業務領域を拡大するためにも、顧客のビジネスモデルを理解することが求められると思います。そのため、自社のビジネスモデルだけでなく、他社のビジネスモデルをキャンバスに可視化してみることも有効です。特に競合他社やよく知られている企業などをテーマに行うと意見が言いやすいこともあり、客観的な視点でスムーズに可視化することができます。

集合研修でBMGのメソッドを学習した後は、なるべくワークショップなどの開催頻度をあげることで、ビジネスモデルの可視化に慣れるようになると現場でも活用しやすくなります。また、組織、あるいは部署にまたがる人材の交流なども実ビジネスにおいても効果的ですので、実際のビジネスの進め方にも弾みがつくことが多くなります。

そのため、コミュニケーション能力の開発や問題解決のための思考法などに研修の力点を置くことも必要かもしれません。

一方、ワークショップではそれぞれの立場によって、テーマに対するとらえ方に開きがあります。そのため、議論が盛り上がるのは良いことなのですが、紛糾してなかなか時間通りに収束しないなど、進め方に関する問題もでてきます。そのため、はじめてのワークショップの開催などの場合は、知識や経験の豊富なファシリテーターによる進行管理も重要となります。

ワークショップでは役割分担を決めておくことが重要

- 時間をチェックします（タイムキーパー）
- プレゼンター（発表係）になります
- 司会進行やります（司会）
- メモとります（記録係）

様々な部署や経験を持ったメンバーによって、ビジネスモデルを可視化するワークショップを実施します。ワークショップを通して、普段から積極的な意見交換を行う風土を育てる効果なども期待できます。開催時にはあらかじめ図のように役割分担を決めておきましょう。

何も決めずにワークショップを始めた場合

- 何から始めるの？
- 何を決めるのかわからない！
- もう時間なくなっちゃった…

- ●時間管理できていない
- ●特定の人の意見に偏ってしまう
- ●何から始めていいかわからない、テーマを把握していないなどワークショップの目的が共有されていない

⬇

はじめて行うワークショップは知識や経験豊富なファシリテーターによる進行が望ましい

新人社員向け研修の実施

☐グループワーク　☐研修メニュー

新人社員向けの研修にBMGを活用する場合は、主にこれから自分たちがかかわっていく自社のビジネス、もしくは顧客やパートナーのビジネスを正しく理解することが主な目的になることが多くなります。

新人社員や若手スタッフの場合、ビジネスモデルをデザインするスキル開発というよりは、戦力となるチカラを発揮してもらうための「主体性」の向上、「課題解決力」を常に意識するなどモチベーションの醸成に役立てるケースが多いのが現状です。また、グループワークを通じて、ディスカッション力やリーダーシップを醸成するためにも有効です。

世界的に実証された手法であるBMGを学ぶことは、グローバル化が進む昨今のビジネス環境において、重要なスキルとして認識されている点にも注目が集まっています。新人のうちに自社のビジネスモデルを把握するフレームワークを学んでいることは、即戦力として育つ過程で大きな優位性を持つことになります。

研修メニューは、講義とワークショップの組み合わせ

新人社員向けの研修メニューは、講義とワークショップを組み合わせることで、飽きずに楽しんでもらうための工夫も必要です。半日コースや1日コースなど目的や時間的制約によって自由にプログラムを組み立てることができます。はじめてビジネスモデルの概念に触れるメンバーも多いため、自社のビジネスモデルをそもそも理解していない前提でワークショップを企画しましょう。自社や自分の帰属する組織のビジネスモデルを理解することを中心にキャンバスの描き方などを学習します。キャンバスの描き方は、誰もが知っている企業などを例に理解を深めると分かりやすいと思います。現場知識や経験値は少ないものの、消費者に近い意識を持っている新人こそ、新たなビジネスモデルのデザインに貢献する人材になるかもしれません。右のページに、1日の研修メニューの標準的なタイムラインを紹介していますので参考にしてみてください。

1日研修を実施する場合の標準的なタイムライン

9:30 ～ 10:30　ビジネスモデル・キャンバスの理解
ビジネスモデル・キャンバスを使って、既存の事業を表現します

10:30 ～ 11:30　イノベーション・ワーク
ビジネスモデルにイノベーションを起こし、新しいモデルを構築します。特定のブロックにフォーカスして変革を起こします

11:30 ～ 12:00　ビジネスモデル・パターンの紹介
注目を集めるビジネスモデルのパターンを紹介します

12:00 ～ 12:30　シナリオ分析
これからの外部環境変化を分析し、シナリオを作ります

13:30 ～ 15:00　シナリオに対応したビジネスモデル構築（1）
シナリオに基づき、ビジネスモデルの構築を行います

15:15 ～ 16:45　シナリオに対応したビジネスモデル構築（2）
別のシナリオに基づき、異なるビジネスモデルの構築を行います

17:00 ～ 17:30　ビジネスモデル・ジェネレーション（BMG）活用法
ビジネスモデル・ジェネレーション（BMG）を現場で活用するためのコツ、ヒントを紹介します

PART 3

**シチュエーション別実践事例：
個人スキルアップのBMG活用例**

onal
ase

SOHOや個人でのBMG活用

□ビジネスモデルYOU　□モデリングアプローチ

個人から組織までビジネスモデルのデザインを様々なシーンで活用

BMGに興味を持ってくださったみなさんは、少なからず自分や自分が取り組むビジネスを成功に導くための手法の習得やイノベーションのための気づきを積極的に求めていることと思います。

また、新たなビジネスを成功に導きたいとチャンスをうかがっているかもしれません。

モデリングアプローチは、"走りながら考える"、"試しながら修正していく"と前述しましたが、決していきあたりばったりというわけではありません。自分が置かれている状況を客観的に把握し、課題を明確にしながら改善策に取り組むことは、成り行きで物事を進めるのとは、大きな違いがあります。いくつもの可能性をデザインし、自らが意図的にコントロールし進めていくことが必要なのです。

もちろん、このようなアプローチは、企業や組織だけでなく、個人の場合でも有効です。

自分自身をビジネスモデルという観点で分析し、理解することでより多くの可能性を自らデザインすることもできます。

この十数年で私たちの働き方は、大きく変わり企業と個人の関わり方も変化しています。非正規雇用の割合も3割を超え、独立を余儀なくされて起業を決意する人も増えてきました。

BMGが、世界的にも広く普及し、大きな関心が持たれている理由のひとつに、予測が難しく、計画通りには進みにくいビジネス環境に起因していることにも触れましたが、まさにこれからは個人の生き方や働き方もこうした影響を考えなければなりません。

これからは、働き方もデザインする時代なのです。

ここからは、BMGを個人で活用するためにいくつかのシチュエーションをはじめ、自分自身をビジネスモデルとして分析する『ビジネスモデルYOU』についても紹介していきます。ご自身の活用シーンの参考にしてみてください。

自分たちの働き方をデザインする時代

自分たちの働き方もデザインしなければならない時代に！

いかに主体的に選択できるか自分自身をビジネスモデルとして可視化しておくことが必要になっています。

15歳以上の役員以外雇用者の正規・非正規構成比率
（「勤め先での呼称不詳」含まず）2011年・男性

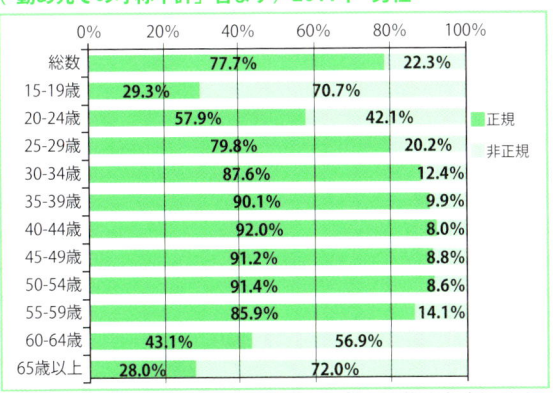

	正規	非正規
総数	77.7%	22.3%
15-19歳	29.3%	70.7%
20-24歳	57.9%	42.1%
25-29歳	79.8%	20.2%
30-34歳	87.6%	12.4%
35-39歳	90.1%	9.9%
40-44歳	92.0%	8.0%
45-49歳	91.2%	8.8%
50-54歳	91.4%	8.6%
55-59歳	85.9%	14.1%
60-64歳	43.1%	56.9%
65歳以上	28.0%	72.0%

出典：厚生労働省平成23年度版「国民生活基礎調査の概況」より

非正規雇用の割合は増加傾向にあり、働き方のスタイルも多様化せざるを得ない環境へと変化しています。

新規事業のキャンバスを記述する

□キャンバスの可視化　□キャンバスの記述手順

ビジネスモデルは、端的に言うと組織が生計を立てるための仕組みです。
そのため、起業を目指している、あるいは個人事業主として独立を考えている人にとっては、デザインしたビジネスの実効性の検証と課題のあぶり出しは、最初に行わなければならない最も重要な作業です。問題があれば直ちに改善していかなければなりません。

組織でキャンバスを記述するには？

ワークショップなどグループワークが有効なことをご紹介しました。しかし、個人では必ずしもグループで作業を進められないケースも多いと思います。そのため、まず自分なりにキャンバスを使いながら頭の中で考えているビジネスモデルを可視化してみることから始めましょう。

キャンバスの可視化で一目瞭然

新しい事業やビジネスを始める際、多くの人はそのアイデアが漠然としている段階から人に相談することで、少しずつ具体的なものにしていきます。しかし、自分の頭の中の考えを上手に伝えることができる人はごく少数です。

プレゼンテーション用の資料などで説明する場合も多いと思いますが、ビジネスモデルの根幹の理解や課題を把握するためには、構造的な分析を欠かすことはできません。自分が考えるビジネスモデルを一目瞭然で簡潔に伝えられるよう、キャンバスに記述してみましょう。

実際にキャンバスを作成してみると意外に難しいことに気が付きます。しかし、何度も記述していくうちに考え方にも慣れてきて簡単になります。キャンバスは、紙と筆記用具さえあればどこでも描くことができますので、いつでもキャンバスに落とし込む習慣をつけてみてはいかがでしょうか？

ここでは、例として次の手順を紹介しますので自分なりに工夫してみてください。

キャンバスを記述する手順

Step1 企画概要の整理
（1）企画しているビジネスの概要を整理する

Step2 キャンバスを描く
（2）現状考えられるモデルをキャンバスに記述する

Step3 アドバイス収集
（3）アドバイスをもらえるメンバーや知人にキャンバスを使って要点を伝え、質問やアドバイスをもらう

Step4 キャンバスの見直し
（4）質問やアドバイスから修正したほうがいい要素はないか、再度キャンバスを見直す
（3）と（4）を可能な限り繰り返す

Step5 キャンバスの修正
（5）現時点で最良と思われるデザインに修正し、キャンバスに反映する

Step6 具体的な戦略へ
（6）修正したキャンバスを基に、具体的な施策や戦略に落とし込む

ケース1−1
新規ビジネスを立ち上げる

□ネットショップ事例　□起業事例

新規ビジネスを企画し、起業や独立などを検討しようとする場合、はじめにそのビジネスの実効性を検討する必要があります。最初は、ひとり、もしくはごく限られた少人数で起案することもめずらしくありません。

新しいビジネスですから、より予測できない未知の課題が生じた場合を想定してできるだけいくつもの可能性を検討しておくことが必要です。

その場合、より多くの有識者のアドバイスや経験者の情報をフィードバックにより最善のモデルに近づけることができるように、できるだけ早い段階でキャンバスを活用したビジネスモデルの作成を行うことが重要です。

フラワーギフトのオンラインショップ

新規事業と既存のビジネスとの連携メリットや共有できるリソースなどを明確にすることで、より少ないリスクで大きな成果をあげることが可能になります。ここでは、フラワーショップチェーンの大手企業に勤めていた森山氏の例をご紹介しましょう。

（1）大手フラワーショップチェーンに勤務していた森山氏は、生花をネット販売するためのサービスを企画しました。森山氏が勤務している会社は、国内にも多くの販売店を持つフラワーギフトチェーンでは大手です。

フラワーギフトの通信販売は行っていましたが、ネットでの販売にはあまり力を入れていませんでした。

（2）そこで、森山氏は、本格的なフラワーギフトのネット販売を目指した事業を立ち上げようと企画を考えました。

（3）もともと、生花販売のノウハウを経験的に持っていた森山氏でしたが、ネット販売での経験が少ないことや事業資金を集めることなどビジネスを立ち上げるために必要な準備を進めるにあたって実効性あるビジネスモデルを説明することが不可欠だと考えました。そこで、誰でも簡単に理解できるようにキャンバスを作成、作成したキャンバスを基に新規事業にアドバイスをもらえそうな同僚や知人からヒアリングを行いました。

（96ページに続く）

フラワーギフトのネットショップ（見直し前）

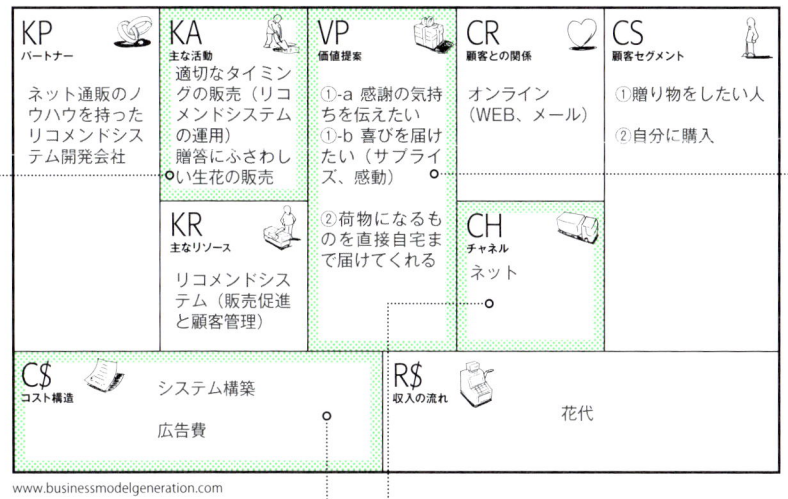

KP パートナー	KA 主な活動	VP 価値提案	CR 顧客との関係	CS 顧客セグメント
ネット通販のノウハウを持ったリコメンドシステム開発会社	適切なタイミングの販売（リコメンドシステムの運用） 贈答にふさわしい生花の販売	①-a 感謝の気持ちを伝えたい ①-b 喜びを届けたい（サプライズ、感動） ②荷物になるものを直接自宅まで届けてくれる	オンライン（WEB、メール）	①贈り物をしたい人 ②自分に購入
	KR 主なリソース		CH チャネル	
	リコメンドシステム（販売促進と顧客管理）		ネット	

C$ コスト構造	R$ 収入の流れ
システム構築 広告費	花代

www.businessmodelgeneration.com

システムの構築や広告宣伝などに初期費用かかかる

主要活動
価値提案より、記念日や母の日、誕生日など花が届けられる日時を忘れないことが重要になります。そこでOne-to-Oneマーケティングの手法により登録ユーザには記念日などを事前にお知らせして購買をPushするようなリコメンドシステムの構築に力点を置きました。

価値提案
贈答用などを目的としたサービスにフォーカスすると、誕生日や記念日に驚きや喜びを届けることが顧客から見た価値になります。

ネット販売を主体とするものの、新規に顧客開拓するにはチャネルがネットだけでは不十分だと判断

ケース1−2

新規事業のキャンバスを見直す

□既存ブランドの活用　□付加価値の提供

(94ページからの続き)
(4)もともとフラワーギフトを主力とするビジネスでの経験から顧客単価をあげる戦略で贈答用の花束やアレンジメントを主力商品にしました。ネットによる予約販売や全国どこでも指定した場所に届けられるメリットなどをいくつかの要素を検討するうちにフラワーギフトの価値を商品自体ではなく、贈られた人の喜びや驚きなどの付加価値にまで集約してみると、フラワーギフトを贈る日時が非常に重要だと考えました。

つまり、顧客の大事な人に贈るための記念日や事象にあわせたタイミングこそがフラワーギフトを贈る商機だということです。

そこで、One-to-Oneマーケティングの手法を取り入れ、一度購入した顧客の記念日などにあわせたリコメンドを行うためのシステムを導入し、顧客数の増加だけではなくロイヤル顧客の醸成を目指した顧客管理に力点を置きました。

(5)新規ビジネスの開始には自己資金、出資、融資など事業資金を集めることが最初の難関となります。

当初、森山氏は退職し、起業を検討していました。しかし、ネット販売のための仕組みと顧客管理に差別化の力点を置くことを考えた場合、システム構築の資金を自己資金だけで賄うことに無理があると判断しました。

そこで、今度は帰属している会社に出資してもらえる方法がないか検討しました。会社では、まだネット販売では大きな実績をあげていなかったため、企業内で新規事業として投資してもらえないか提案してみることにしたのです。

(6)一方、資金面だけでなく森山氏の検討の中でも、フラワーギフトの顧客はリピート率が高い反面、新規の顧客開拓が難しいことも分かりました。既存店舗でも贈答目的の利用が多いブランドとして実績がある点など、既存ビジネスとの連携メリットが多いことに気が付きました。

新規事業と既存のビジネスとの連携メリットや共有できるリソースなどを明確にすることで、より少ないリスクで大きな成果をあげることが可能になります。これによって、森山氏は自己リスクを最小化しながら、目的であった新規のネットビジネスを立ち上げることに成功しました。

フラワーギフトのネットショップ（見直し後）

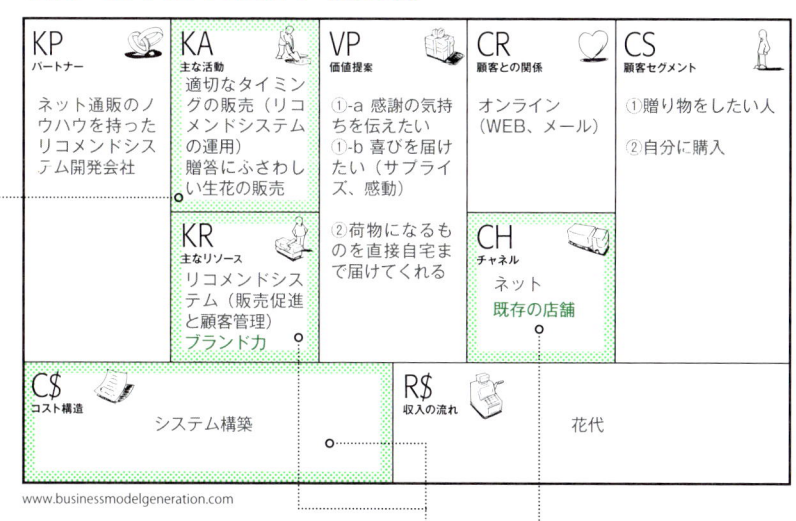

KP パートナー	KA 主な活動	VP 価値提案	CR 顧客との関係	CS 顧客セグメント
ネット通販のノウハウを持ったリコメンドシステム開発会社	適切なタイミングの販売（リコメンドシステムの運用）贈答にふさわしい生花の販売	①-a 感謝の気持ちを伝えたい ①-b 喜びを届けたい（サプライズ、感動） ②荷物になるものを直接自宅まで届けてくれる	オンライン（WEB、メール）	①贈り物をしたい人 ②自分に購入
	KR 主なリソース リコメンドシステム（販売促進と顧客管理）ブランド力		CH チャネル ネット 既存の店舗	

C$ コスト構造	R$ 収入の流れ
システム構築	花代

www.businessmodelgeneration.com

・生花の仕入れなども既存ビジネスと共有化することで効率化を実現

・ネットに加え、既存店における顧客をネットに誘導することでより精度の高い顧客管理を実現し、リピート顧客に変化させる

・ブランド力を活用することで、広告宣伝費は最小化

既存ブランドの活用で、新規顧客の開拓のための費用の最小化はもちろんですが、仕入先や流通チャネルの共有化などによる効率化も実現できます。一方、顧客にとっては従来の店舗ではなかった誕生日や記念日の通知機能や早期予約の割引などにより、より付加価値の高いサービスが提供されることになります。この点が大きく評価され、起業のための資金が承認され、無事新規事業を成功に導くことができました。

ケース2−1
営業戦略に活用する
□営業事例　□問題解決

個人で達成しなければならない売上目標を持っている営業やインセンティブ制の給与体系で働いている方の多くは、すでに個人であっても事業主や経営者感覚でビジネスに取り組むスタイルを採っています。いくつものビジネスモデルを並行して進める場合もありますし、自分のビジネスモデルをより収益性の高いものに育てる必要性を感じているかもしれません。また、営業組織全体の生産性の向上が仮題の場合もあるかもしれません。

ここでは、キャンバスを営業戦略の作成と管理に活用しているケースをご紹介します。

営業成績がそのまま給与に反映

ここでは、ソフトウェアの受託開発を行っている企業の営業である細井氏の事例を基にキャンバスをご紹介します。

細井氏の給与体系は、インセンティブ方式であるため営業実績がそのまま給与に反映されます。四半期ごとに売り上げ予算がありますので、四半期末になるといつもあわてて営業にかけまわるという活動を続けていました。

しかし、受託開発をメインにしているため、いきあたりばったりで営業を仕掛けるだけでは、顧客のニーズのタイミングと同期していなかったり仕様が確定しなければ受注できない、などクロージングに時間がかかってしまい、必要な期間内に数字に結びつけることが容易ではないという課題に直面していました。そこで、効率的な営業ができるような戦略を立てるためにキャンバスの活用を考えました。

（1）細井氏は取引先の大手製薬メーカーA社が、Wordなどで作成した文書ファイルの更新に伴い、新旧の文書の比較表の作成を手作業で行ったり、差分チェックをフリーソフトで行っていることを聞きました。もともと文書管理のノウハウを持っていたこともあり、さらに高機能で正確な差分チェックを行うことができるソフトウェアを提案し受注することができました。

次のページのキャンバスはその際に作成したものです（100ページに続く）。

大手製薬メーカー A社に対するキャンバス

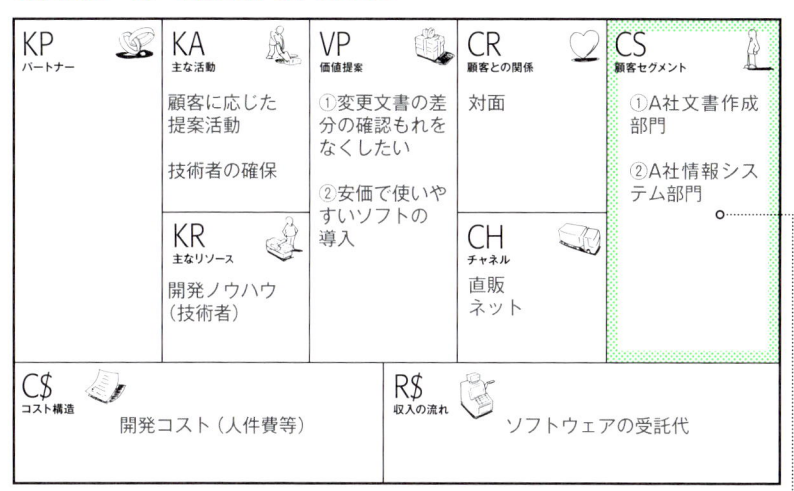

KP パートナー	KA 主な活動	VP 価値提案	CR 顧客との関係	CS 顧客セグメント
	顧客に応じた提案活動 技術者の確保	①変更文書の差分の確認もれをなくしたい ②安価で使いやすいソフトの導入	対面	①A社文書作成部門 ②A社情報システム部門
	KR 主なリソース 開発ノウハウ（技術者）		CH チャネル 直販 ネット	

C$ コスト構造	R$ 収入の流れ
開発コスト（人件費等）	ソフトウェアの受託代

www.businessmodelgeneration.com

顧客セグメント
実際にソフトウェアを利用するユーザ部門とソフトウェアの導入に関する評価・判断を行う情報システム部門になります。

ケース2-2
ビジネスモデルを横展開する
□成功事例の横展開　□カスタマイズ

（98ページから続き）いったん成功した事例をほかに横展開することは、ビジネスの定石です。課題の整理も比較的容易であると共に、最初に比べて圧倒的に少ないリソースで同様の成功を収めることができることがほとんどです。そこで、細井氏は先の顧客となった製薬メーカーの事例（99ページ）の顧客のニーズをキャンバスに基づき分析しました。

（2）キャンバスを基に顧客企業から見た価値を検証すると顧客の解決してほしいニーズは、他の製薬メーカーでも同様に存在することが分かりました。つまり、ほとんどの製薬企業では、監督官庁に提出する膨大な数の申請関連文書は、提出が必要である上、改訂内容の確認や履歴管理が煩雑であり、これらの課題を効率良く・正確に・漏れなく対応できるソフトが不可欠だということが明らかになりました。

（3）そこで、同様のニーズを持つ製薬メーカーへ、必要で適切なカスタマイズを行うことでビジネスの横展開を容易にするためのソリューションを開発・提案することにしました。ソリューションは、ソフトウェアの差分チェック機能を中心にしたパッケージと顧客ごとに必要なカスタマイズから成りますが、受託開発で一から開発するのに比べ、人的リソースの確保や開発コストを大幅に削減することができるため、受注の増大にも対応できます。

（4）これにより、細井氏の営業ターゲットは大手製薬メーカーすべてが対象となり、この顧客セグメントに対し、同様の提案活用自体もわずかなカスタマイズを加えることで可能になりました。

結果として、ソフトウェアをパッケージ化して販売することで、従来目視や差分チェックツールなどで行っていた業務の効率化を実現するとともに、人的なミスを軽減することができるなど、顧客セグメントの課題を解決するだけでなく、組織の業務の生産性の効率への貢献にも役立つなど、導入を進める優位性を一気に打ち出すことが可能となりました。また、業界内での導入実績は企業向けソフトでは大きな優位性を持つことになりました（102ページへ続く）。

その他の製薬メーカーに対するキャンバス

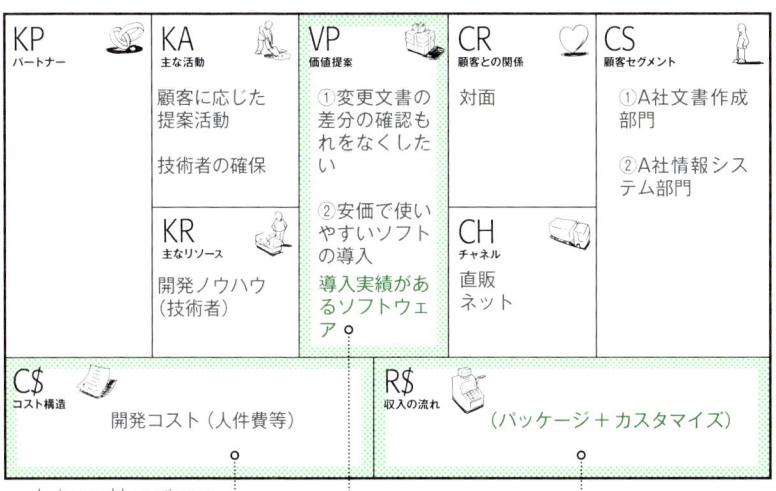

| KP パートナー | KA 主な活動
顧客に応じた提案活動
技術者の確保

KR 主なリソース
開発ノウハウ（技術者） | VP 価値提案
①変更文書の差分の確認もれをなくしたい
②安価で使いやすいソフトの導入
導入実績があるソフトウェア | CR 顧客との関係
対面

CH チャネル
直販
ネット | CS 顧客セグメント
①A社文書作成部門
②A社情報システム部門 |

C$ コスト構造	R$ 収入の流れ
開発コスト（人件費等）	（パッケージ＋カスタマイズ）

www.businessmodelgeneration.com

コスト構造
開発コストを最小化するだけでなく、新規開発やパッケージ化に人的リソースをさけるようになりました。

価値提案
導入実績のあるソフトウェアの導入は、ユーザ部門はもちろん導入を判断する情報システム部門からしても購買の大きな決め手となりました。

収入の流れ
パッケージ化することで、商談のクロージングサイクルが短縮されると同時に、カスタマイズなどの受託収入を得ることか可能になりました。

ケース2-3

キャンバスによる問題解決

□顧客の業界理解　□他業種への展開

（100ページの続き）製薬業界の半数以上に導入を進めた細井氏はさらに、このモデルを活用できる業界がないか調査・分析を進めました。このように業界内で一定のシェアを獲得したあとは、他業界で転用可能なビジネスモデルを模索する手法が有効です。

（5）その結果、役所などへの認可申請文書や商取引の契約書の提出資料が多く存在する金融業界や保険業界においても大きなニーズが存在することが分かりました。

（6）中でも生命保険会社においては、保険約款改訂認可申請時の新旧対照表の提出義務化に伴い、新旧文書の比較が不可欠になっているのです。新旧対照表の作成を人的に行うことは製薬業界での課題と同様に大きなニーズが存在します。

（7）そこで、新たに保険業界向けにキャンバスを描いてみました。

キャンバスに落とし込んでみると、顧客全体の業界が異なること以外、ほとんどキャンバスに違いが生じないことが分かりました。

つまり、細井氏にしてみれば顧客の業界を理解することに注力すれば、それ以外の提案活動には大きな労力を費やすことなく営業活動が行えるということになります。

そのため、来期の営業戦略は、製薬メーカーから、保険業界に大きくシフトするように見直しを行い、営業予算の達成を目指しています。

一番の大きな成果は、いきあたりばったりの営業スタイルから論理的な「攻め」の営業スタイルに変化できたことです。御用聞きのような営業スタイルを一新し、顧客の潜在的なニーズに提案型の営業を行うことで、自分のビジネスモデルを確立することが可能になりました。

このようなアプローチの利点は、うまくいかない場合にも有効です。例えば、最初に想定した価値提案が実際にヒアリングすることで、方向修正を余儀なくされたり、また市場環境の影響などにより業界ドメインを変更するなど、基準となるモデルを軸に戦略や施策を判断できるので、問題への対応を迅速に行いやすくなります。

保険業界向けのキャンバス

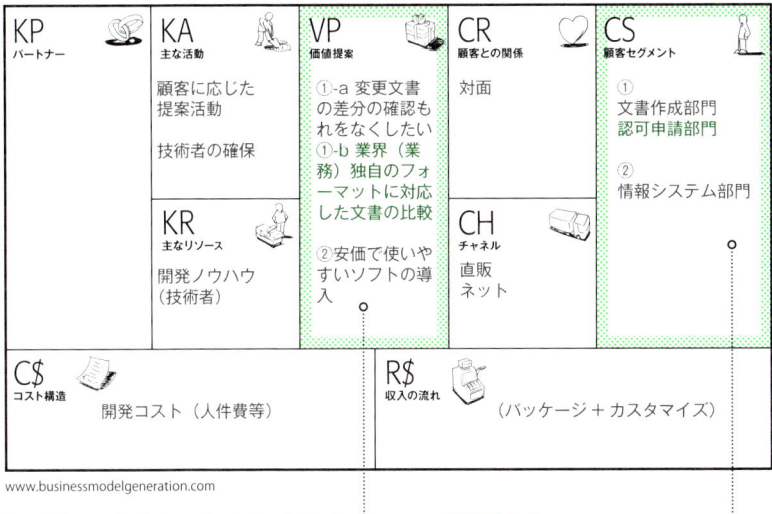

KP パートナー	KA 主な活動	VP 価値提案	CR 顧客との関係	CS 顧客セグメント
	顧客に応じた提案活動 技術者の確保	①-a 変更文書の差分の確認もれをなくしたい ①-b 業界（業務）独自のフォーマットに対応した文書の比較 ②安価で使いやすいソフトの導入	対面	① 文書作成部門 認可申請部門 ② 情報システム部門
	KR 主なリソース 開発ノウハウ （技術者）		CH チャネル 直販 ネット	

C$ コスト構造	R$ 収入の流れ
開発コスト（人件費等）	（パッケージ＋カスタマイズ）

www.businessmodelgeneration.com

業界特有のわずかなカスタマイズ以外は、すべて製薬メーカーで培われたノウハウや開発リソースを転用することが可能なため、営業効率の向上を実現することができました。

顧客セグメント
ユーザ部門である認可申請部門が追加になりました。

価値提案
業界に典型的な課題を解決することでより付加価値の高いソリューションとなります。

プレゼンを成功させる

□企画プレゼン　□事業計画書

みなさんもプレゼンを行う機会は非常に多いことだと思います。そもそもビジネス社会において、プレゼンとは"ビジネスプランを相手に説明し、決済を受ける場"ではないでしょうか。みなさんがプレゼンに行くのは、何らかの商品やサービスを提案に行くか、新しい事業や商品を会社の経営陣、投資家、金融機関などに説明に行き、予算の決裁を受けるためがほとんどだと思います。それを説明するためのツールのひとつが企画書です。

クライアントに提案するべき企画書は、ほぼ完璧に仕上げ、準備も万全に行い、言いたいことは全部述べた。プレゼンは好意的に受け止められたはずだ。しかし、実際にはプレゼンが失敗に終わってしまったという経験はないでしょうか？とくに、「自分は『しゃべり』に自信がある」という人が陥りがちです。

企画書の一言一句にこだわるより、相手の心を「つかんで、納得」させることを考えるべきです。どんなにすばらしい企画書でも相手の気持ちをつかめなければ、決裁がおりることはありません。相手の立場に立てば分かります。予算を決裁する、つまりリスクをとってお金を出すための判断材料を求めているのです。

「つかみ」にキャンバスは最適なツール

私が、プレゼンを行う相手は企業の経営層であることが多いため、概ね限られた時間で俯瞰的に提案内容を把握できるようなプレゼンが受け入れられやすい傾向にあります。そこで、ビジネス全体の現状とその課題を説明する場合に、キャンバスを活用しています。

キャンバス自体をパワーポイントファイルに添付し、それを解説することで俯瞰的な理解を促すツールとして役立てています。キャンバスは、BMGという実証性の高いメソッドであることや世界的に標準化が進むビジネスモデルにおける数少ない共通言語として論理的に組織のビジネス活動を説明するツールとしても適しています。

また、提案から時間が経過し、企画した提案内容の評価を行う際にも同様に最初に記載したキャンバスとその変更履歴を提示しています。

キャンバスを活用した企画書例

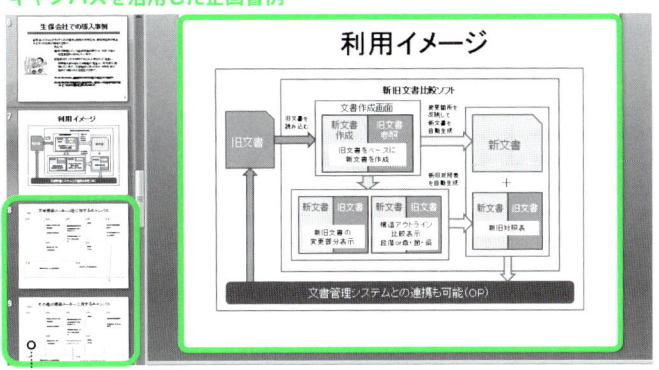

パワーポイントなどで作成する企画書にキャンバスをそのまま使用することで、ビジネスの現状や課題を俯瞰的に把握しやすくなり、プレゼンの内容を簡略化できるだけでなく、相手の判断を促す好材料としても役立ちます。

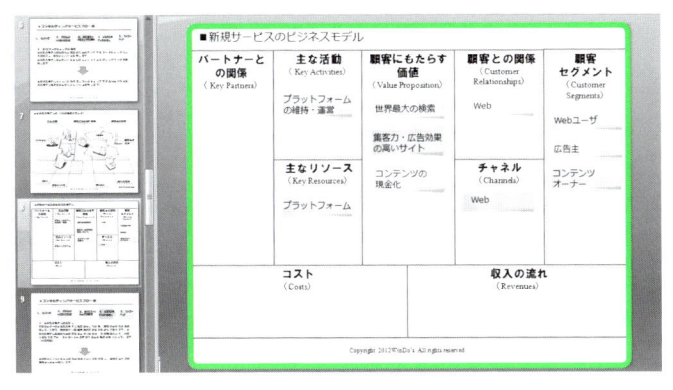

資金提供などの説明の際にキャンバスを利用することで、ビジネスモデルを俯瞰で説明できます。

自分自身を客観的に分析する／売り込む

☐個々のビジネスモデル　☐個人事業主

個人事業主、契約社員、フリーランスなど非正規雇用の就業スタイルの割合が年々増しています。こうした就業スタイルは、能力に応じた収入が得られたり、時間的物理的な拘束が少ないなどのメリットもある反面、安定的な収入の確保や希望する業務に必ずしも就けないなど厳しい現実に直面することも多くなります。

自分自身を商材としていかに上手に売り込むことができるかが、成否を左右すると言っても過言ではありません。組織のビジネスモデルと同様に自分自身をビジネスモデルに置き換えて、客観的に分析することが求められます。

個々のビジネスモデルの集合体が組織のビジネスモデルに

組織には必ずビジネスモデルが存在します。そのビジネス活動を担う個々のビジネスモデルの集合体が組織のモデルだと考えると、携わっているビジネスにおいて自分がどのようにかかわり、どのような価値を提供しているのか把握しやすくなります。

その上で、相手が何を望んでいるのかを的確に分析できれば、おのずと自分の売り込み方が明確になってくるでしょう。たとえば、顧客企業に自分をコンサルタントとして雇ってもらうための提案をする場合、顧客企業の先に存在しているエンドユーザのニーズをどのように解決すべきかを提案しなければなりません。そのためには、まず顧客企業が提供すべき価値、つまりエンドユーザのニーズを満たす価値を十分に理解することが必要です。

これは、B to B to Cのような顧客の先にさらに顧客がいるビジネスモデルでも同じような考え方が必要です。

一方、組織に属している場合でも企業が自分の雇い主だと考えれば、同様に自分の価値にお金を払ってくれている顧客として考えることができます。

明日、もし自分の勤めている会社が倒産してしまったらどうしたらいいのでしょうか？このような事態ももはや空想の話とばかりは言えない時代です。

自分自身をビジネスモデルとして把握し、適切にアピールすることは必要最低限のスキルだと言っても過言ではありません。

企業のビジネスモデルの成り立ち

組織全体のビジネスモデル

KP	KA	VP	CR	CS
	KR		CH	
C$			R$	

事業部やプロジェクトのビジネスモデル

個人のビジネスモデル

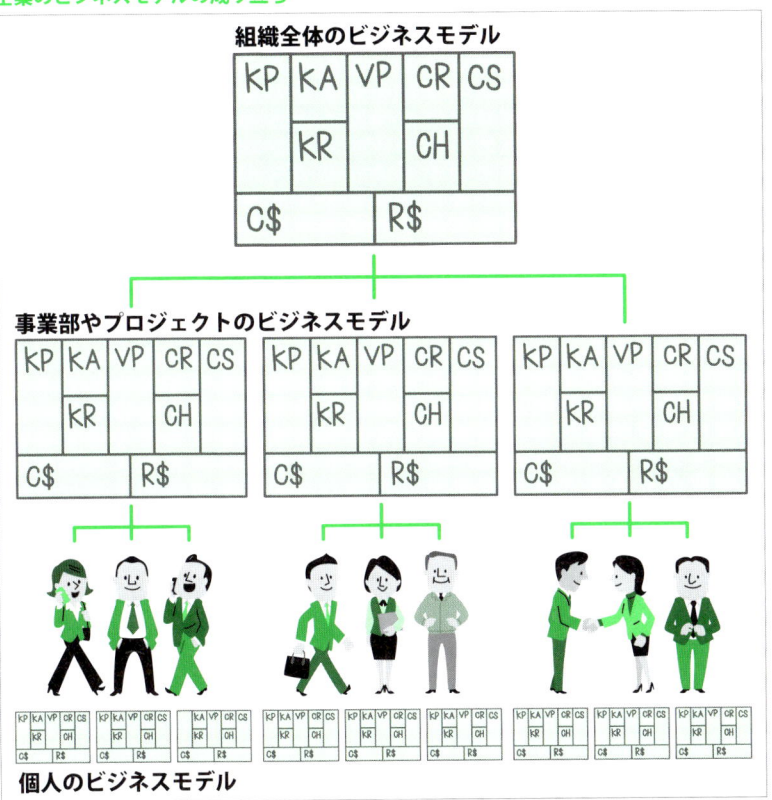

例えば、企業全体のビジネスモデルを細分化していくと事業部やプロジェクトなど部署のビジネスモデルから成り立つことが分かります。同様に、さらに細分化していくと個々のビジネスモデルの集合体から組織のビジネスモデルが成り立っていると考えることができます。

転属や転職を検討する

□キャリアデザイン　□パーソナルキャンバス

組織のビジネスモデルを理解した上で、自分の業務を振り返ってみた場合、今の仕事やそのやり方になんらかの課題意識を抱えている方が多いのが実情なのではないでしょうか。

多くの場合、現状をなんとか打開しようと転職サイトに登録したり、いろいろなリレーションを使って転職を試みることもあるかもしれません。

BMGでは組織のビジネスモデルにフォーカスしていますが、より個人にフォーカスしたメソッドも『ビジネスモデルYOU』としてBMGのコアメンバーのひとりであるティム・クラーク氏によって発表されました。『ビジネスモデルYOU』は、BMGのメソッドをさらに発展させ、「自分の価値」をビジネスモデルに当てはめて戦略的に考えるものです。自分の強みや、大切にしている価値観は何か？社会にどんな価値を提供できるのか？そして、これからどんな能力を高める必要があるのか？など自分自身の価値を見直し、意図的にキャリア開発するための画期的な手法です。

個人のビジネスモデルは、すでにモデリングアプローチである

多くの方々は最初からなりたかった職業に計画通りに進むことはなく、どちらかといえばなりゆきで今の職業に就いていることが多いと思います。

しかし、個人のキャリアにおいては、実は多くの人はすでに計画ではなく、モデリングアプローチを無意識に使っています。もちろん、若い時から「医者になりたい」とか「エンジニアになりたい」と思って、スムーズに一直線でゴールインする幸せな人もいるのですが、多くの人たちは、行ったり来たりの繰り返しをするケースが多いのです。

こうした試行錯誤に代わって、パーソナルキャンバスを使うことで、意図的にキャリアデザインに取り組むことが可能になります。

個人のビジネスモデル・キャンバス（パーソナル・キャンバス）

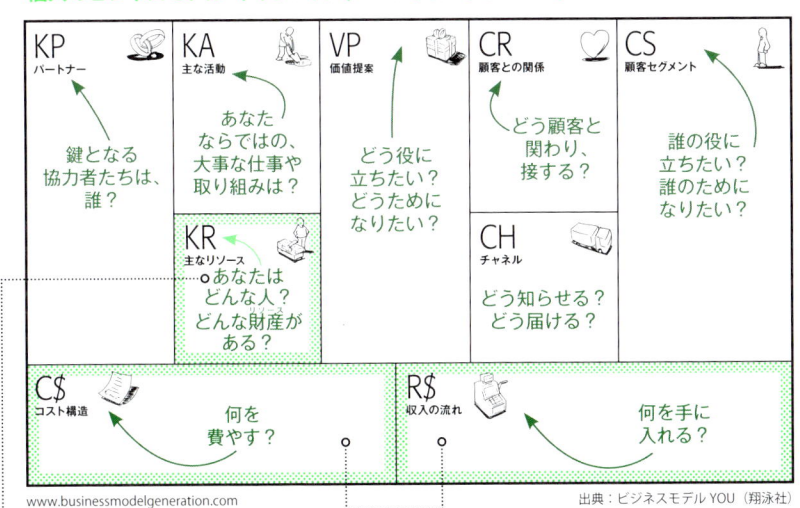

```
KP              KA              VP              CR              CS
パートナー       主な活動         価値提案         顧客との関係     顧客セグメント

鍵となる        あなた          どう役に         どう顧客と       誰の役に
協力者たちは、   ならではの、     立ちたい？      関わり、         立ちたい？
誰？            大事な仕事や     どうために       接する？         誰のために
                取り組みは？    なりたい？                       なりたい？

                KR                              CH
                主なリソース                     チャネル
                あなたは
                どんな人？                       どう知らせる？
                どんな財産が                     どう届ける？
                ある？

C$                              R$
コスト構造       何を            収入の流れ       何を手に
                費やす？                         入れる？
```

www.businessmodelgeneration.com

出典：ビジネスモデルYOU（翔泳社）

『ビジネスモデルYOU』で使用するキャンバスはBMGのキャンバスがベースになっていますのでほぼ同じものですが、少しだけ異なる部分もあります。

主なリソース

個人の場合キーリソースは「あなた自身」です。あなた自身の興味、スキル、能力、個性、財産などが当てはまります。

コスト、報酬

また「コスト」や「報酬」についてはストレス、満足度など、数値化できない要素も考慮していますが、組織の場合は、基本的には金銭上のコストや収入のみを考慮しています。

ケース3-1
ソフトウェアの保守エンジニアの例

☐ キャンバスの分析

技術者の高井氏の例から紹介してみましょう。

高井氏は、モバイル端末向けのアプリケーションの開発会社で保守担当のエンジニアとして勤務していました。ソフトウェアの保守業務における経験は10年以上、この会社でもすでに3年以上の経験を経たのち、保守チームのマネージャに任命されました。

モバイル向けのアプリケーション開発市場は、活況を呈している上、保守は販売・納品後の顧客からの問い合わせ対応や代理店からの要望や問い合わせ対応など非常に多忙を極める部署です。しかし、長年の経験や社交性のある性格なども幸いして業務における評価は高く、チームを引っ張る役割が期待されていました。

高井氏がまかされたチームのメンバーは10名、自分が所属していた部署で慣れ親しんだグループで管理職とエンジニアの両方の業務を兼務で行うことになりました。

管理職になったことで、給与もあがり組織内でも一目置かれる存在として順調に実績を積むことができました。管理業務とエンジニアとしての現場業務の両立のために業務量が増えたことには大きな不満はありません。しかし、担当エンジニアとして業務を行っていたときには感じなかったストレスに悩み、真剣に転職を考えるようになっていました。

では、実際に高井氏自身のビジネスモデルをキャンバスに描いて検証していきましょう。個人のキャンバスでは、コスト構造のブロックには、主に仕事を行うために費やしている時間、エネルギー、お金などを記述します。

高井氏のキャンバスでは、人との調和を優先するという、もともと自分が持っている資質に対し、役職上、個々の感情や思いにながされずにチームの効率化を遂行すべきとの使命感から"チームの調和と効率化の両立"に大きな課題意識が生じてきたことが分かりました。個人のキャンバスでは、コスト構造のブロックには、時間やストレスなど費やさなければならない要素を記述していきます。

高井氏のキャンバス

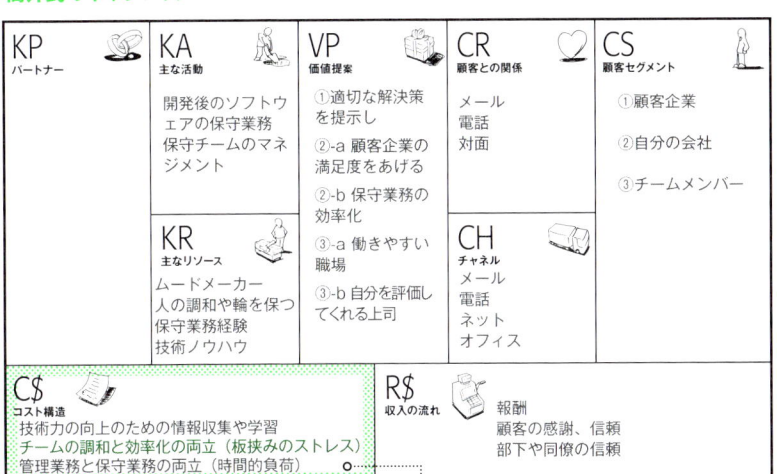

KP パートナー	KA 主な活動	VP 価値提案	CR 顧客との関係	CS 顧客セグメント
	開発後のソフトウェアの保守業務　保守チームのマネジメント	①適切な解決策を提示し ②-a 顧客企業の満足度をあげる ②-b 保守業務の効率化	メール 電話 対面	①顧客企業 ②自分の会社 ③チームメンバー
	KR 主なリソース ムードメーカー 人の調和や輪を保つ 保守業務経験 技術ノウハウ	③-a 働きやすい職場 ③-b 自分を評価してくれる上司	CH チャネル メール 電話 ネット オフィス	

C$ コスト構造	R$ 収入の流れ
技術力の向上のための情報収集や学習 チームの調和と効率化の両立（板挟みのストレス） 管理業務と保守業務の両立（時間的負荷）	報酬 顧客の感謝、信頼 部下や同僚の信頼

www.businessmodelgeneration.com

コスト構造

キャンバスの中で、自分が一番改善したい課題だと思うところにマークしてみます。そこがどのように自分のキャンバスに影響を与えているのか分析していくことが重要です。

ケース3-2

キーリソースに着目する

□関心、能力・スキル、個性、人脈…

個人のキーリソース

個人が持っているリソースには、「自分がどんな人間なのか」ということに注目した要素を記載していきます。

具体的には、関心、能力・スキル、個性、その他、自分が持っている知識、経験、個人的・専門的人脈、有形・無形のリソースを指します。次に能力とスキルを考えます。能力とは、その人の生まれ持っている才能を指します。

一方、スキルは学ぶことによって得た才能を指します。訓練や学習によってあなたにもたらされた才能です。看護、財務分析、建築、コンピュータプログラミングといったスキルなどがあります。

高井氏は、キャンバスからも分かる通り、もともとチームのムードメーカーとしてチームのモチベーションの向上に貢献していたことを上司に評価されて管理職に昇進しました。

また、エンジニアとしての経験や能力も十分に評価されていたため、チームにおいても十分に能力を発揮していました。

では、なぜ高井氏は、"チームの調和と効率化の両立"というリソース的にも得意なはずのミッションにストレスを感じたのでしょうか?

もう一度、キーリソースに着目してみると、高井氏のムードメーカーとしての能力に加え、和を重視する性格が反映されています。

そのため、担当技術者としてチームの仲間や上司の関係を良好に保つためのムードメーカーとしては最大の力を発揮することができましたが、いったん管理職としてチームの効率化や業務の生産性の向上という個人の利益とは相反する要件を両立しなければならないマネージャとしての立場に葛藤が起きたのでした。

高井氏は、その後マネージャという立場ではなく、エンジニアとしてチームに貢献したいとの希望を会社に相談し、シニアエンジニアとして別のかたちでチームをひっぱる役目を見出しました。

結果、高井氏は現在給与も恵まれており、かつ慣れ親しんだ職場からの転職を回避することができました。

高井氏の変更後のキャンバス

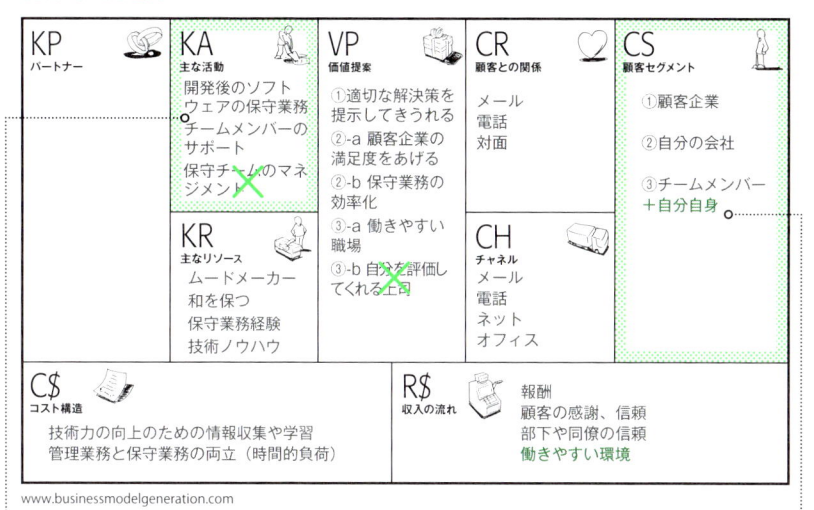

KP パートナー	KA 主な活動	VP 価値提案	CR 顧客との関係	CS 顧客セグメント
	開発後のソフトウェアの保守業務 チームメンバーのサポート 保守チームのマネジメント（取り消し線）	①適切な解決策を提示してきうれる ②-a 顧客企業の満足度をあげる ②-b 保守業務の効率化 ③-a 働きやすい職場 ③-b 自分を評価してくれる~~上司~~	メール 電話 対面	①顧客企業 ②自分の会社 ③チームメンバー ＋自分自身
	KR 主なリソース ムードメーカー 和を保つ 保守業務経験 技術ノウハウ		CH チャネル メール 電話 ネット オフィス	

C$ コスト構造	R$ 収入の流れ
技術力の向上のための情報収集や学習 管理業務と保守業務の両立（時間的負荷）	報酬 顧客の感謝、信頼 部下や同僚の信頼 **働きやすい環境**

www.businessmodelgeneration.com

主な活動
ストレスの元凶となっていた保守チームのマネジメントからはずれることで、主な業務内容を変えることなく、課題を解決しました。

顧客セグメント
課題となるブロックを改善するためのデザインをキャンバスに反映してみました。高井氏は、自分自身を顧客ととらえることで、より働きやすい環境を手に入れると同時にもうひとつの顧客である会社に貢献することでお互いの利害を満足させる解決策を見出すことができました。

ケース4-1
専門職のキャンバス例
☐ 専門職のキャンバス　☐ 現状把握

エステティシャンの花木氏の例をご紹介してみます。

専門性の高い業界で生き残る

パーソナルキャンバスを描くためのワークショップを開催すると、自分のキャンバスを描く上で、リソースに関する記述が最も難しいという声を聞きます。
確かに自分が生まれ持った才能にどのようなものがあるのか記述することは難しいかもしれません。しかし、後天的に身につけたスキルであれば、比較的あげることができるのではないでしょうか？
個人のキャンバスを描く上で、顧客に与える価値とリソースとの関係は非常に重要であることが多いのです。
豊富な経験が自分にとって大きな強みになることは、どのような業種でも同じだと思いますが、専門職においては、特に重要なリソースになります。

花木氏は大手化粧品メーカーが親会社のエステサロンのエステティシャンとして15年勤務してきました。
エステサロンは、エグゼクティブを中心に技術力を売りにした高級サロンとして高い評価を受けている企業でした。花木氏は、接客を担当するエステティシャンとして経験を積み、後輩を指導することも経験しました。
新人から同じ職場で経験を積んできたため、長年通ってくる顧客からの評価も高く、エステテシシャンとして自信をつけてきたところでした。定年退職で職場を去った前店長に代わり、店長に抜擢されたのです。

店長の業務は、主に新しいサービスメニューの企画や受付、メディア対応、スタッフの運営管理に親会社への報告や予算管理など多岐に渡るため、店長が接客にあたることはないのが慣例でした。
それにならい花木氏もエステティシャンから店長へと職種が変わることとなりました。ここでは店長としてのビジネスモデルを、キャンバスを使って作成してみます。

花木氏のキャンバス（店長時代）

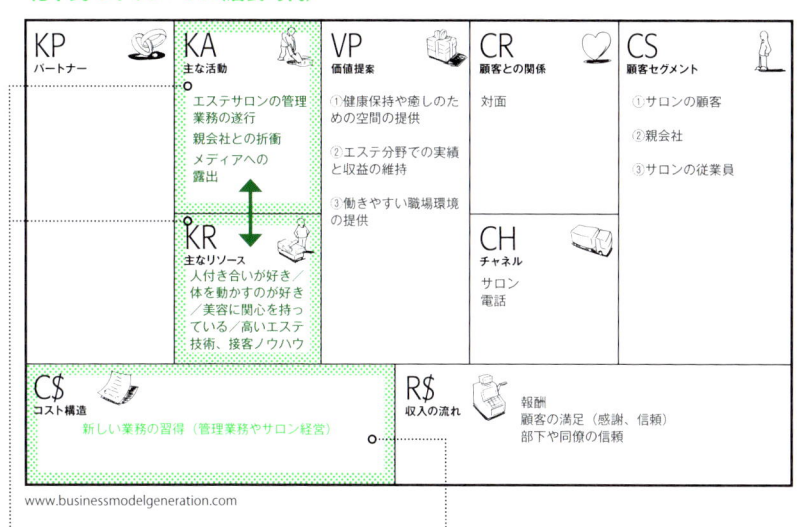

KP パートナー	KA 主な活動	VP 価値提案	CR 顧客との関係	CS 顧客セグメント
	エステサロンの管理業務の遂行／親会社との折衝／メディアへの露出	①健康保持や癒しのための空間の提供 ②エステ分野での実績と収益の維持 ③働きやすい職場環境の提供	対面	①サロンの顧客 ②親会社 ③サロンの従業員
	KR 主なリソース 人付き合いが好き／体を動かすのが好き／美容に関心を持っている／高いエステ技術、接客ノウハウ		CH チャネル サロン 電話	

C$ コスト構造	R$ 収入の流れ
新しい業務の習得（管理業務やサロン経営）	報酬 顧客の満足（感謝、信頼） 部下や同僚の信頼

www.businessmodelgeneration.com

キーリソース、キーアクティビティ

一方、本来キーリソースとキーアクティビティが関連して機能することが望ましいのですが、花木氏が店長業務に移行したことで自身のキーリソースと乖離した活動が主体業務になってしまいました。

コスト構造

店長に抜擢されたことで、従来経験したことのない業務知識を習得する必要が生じましたが、幸い花木氏の場合は、サロン経営や管理業務に関しても短期間で習得しそつなくこなすことができました。

ケース4-2
起業の可能性を見極める
□モチベーションの把握

花木氏の場合、店長になったことで大きな不満があったわけではありませんでした。しかし、いったん新しい業務内容を習得してしまうと、自分が長年経験を積んで得られたスキルを全く生かしていないことに疑問を抱くようになりました。店長業務は、確かに重要ではありますが自分だけの強みに果たしてなるのだろうか？という観点で自分自身を見直すことにしました。

本来美容に関心があり、自分はもちろん人を美しくすることに喜びを感じて働いていたのです。

また、15年以上の現場経験がエステ技術において大きな自信でした。また人付き合いにおける天性の才能があり、気遣いのある対応はどんな顧客からも高い評価を受けていました。

モチベーションの根源を見極める

こうして改めて、自分のリソースに注目してみると店長ではなくむしろエステティシャンのほうが、自分のリソースをうまく生かしたアクティビティを実現することができると考えたのです。

しかも店長経験でサロン経営のノウハウについても習得した花木氏は、エステティシャンとサロン経営の両方を同時に実現できる方法として、エステサロンを開業することを決心しました。

これにより、花木氏はエステティシャンとして技術力にさらに磨きをかけることで他のサロンが追随できない質の高いサービスの提供を目指しています。

医療、介護、カウンセラー、教育など人に癒しを与えたり、人の役に立つことが大きな価値提案につながる職業の場合は、特に人から感謝されたり喜ばれたりすることに大きなモチベーションを感じる人が多いと思います。

天職を見つけるツールとして

そのような場合は、地位や役職、報酬以上に顧客の満足感が自分自身の満足感や達成感に大きな影響を及ぼします。このようにモチベーションの根源になる要素を十分に見極めることで、長く腰を据えて続けられる仕事、いわゆる天職を見つける手助けになると思います。

花木氏のキャンパス（サロン開業）

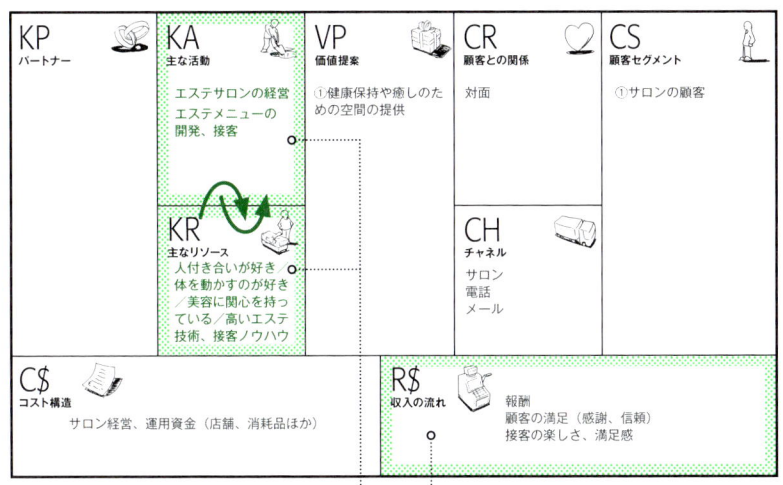

KP パートナー	KA 主な活動 エステサロンの経営 エステメニューの 開発、接客	VP 価値提案 ①健康保持や癒しのための空間の提供	CR 顧客との関係 対面	CS 顧客セグメント ①サロンの顧客
	KR 主なリソース 人付き合いが好き／体を動かすのが好き／美容に関心を持っている／高いエステ技術、接客ノウハウ		CH チャネル サロン 電話 メール	

C$ コスト構造 サロン経営、運用資金（店舗、消耗品ほか）	R$ 収入の流れ 報酬 顧客の満足（感謝、信頼） 接客の楽しさ、満足感

www.businessmodelgeneration.com

サロンの開業により、自分のリソースと新たに身につけた経営ノウハウの両方を活用することができるキャンパスに変更されました。これにより、主なリソースと主な活動がより調和し、親和性が高くなったため、将来的にも満足度の高いビジネスモデルになりました。

---収入の流れ
直接接客をすることにより顧客からの反応などが直接得られるため、報酬としての楽しさや満足感が向上しました。

BMG Work Book

Pra

ctice

PART 4
ビジネスモデルをデザイン・運用する

5つのフェーズでビジネスモデルをデザインしよう

☐ プロトタイプのデザイン　☐ モデリングアプローチ

キャンバスを描くために4つのステップをご紹介しました（35ページ）。しかし、実際のビジネスではキャンバスを描くだけで満足しては意味がありません。

というのも、実際にビジネスモデル・イノベーションが偶然に起こることは、ほとんどありません。ビジネスモデル・イノベーションは、プロセスへと構造化して管理することで組織全体が潜在的に持っている可能性を最大限に引き出せます。ただし、課題が生じた場合には根気強く対処していかなければなりませんので、満足のいく新しいビジネスモデルを開発するためは、分析と同じくらいの量の失敗をすることになります。

不確実な市場において、たくさんの可能性を準備しておき、プロトタイプを作り、現場の状況にあわせて最適なモデルをデザインし、試してみるというプロセスを繰り返していくことが「モデリングアプローチ」です。このデザイン思考こそが、競争力のある新しいビジネスモデルにつながります。

ビジネスモデルのデザインプロセスについて、5つのフェーズで説明していきます。準備→理解→デザイン→実行→管理の5段階です。

今まで、自分なりになんとなく頭の中で描いていたものを可視化によって共有・整理してみましょう。感覚では分かっているつもりでも、実際にモデルに起こしていく作業を通じて具体的に実務で利用できるビジネスモデルのデザインができるようになります。そして、最も重要なことは、積極的にデザインし検証していくプロセスをあらかじめ意識しておくことです。最初はなんとなくでも構いません。ですが、こうしたアプローチを理解しているかどうかがビジネスを進めていくうちに大きな差異となります。受け身で進めてきたビジネスを見直し、"積極的にデザインし選択して進める"、そのためには、自分たちが進めているビジネスが顧客にとってどのような意味を持っており、組織がそれにどう対応していくべきかをあらかじめ把握しておくことが必要です。ひいては組織の中で自分がどう動くべきかを理解する大きな指針にもなります。

モデリングアプローチ

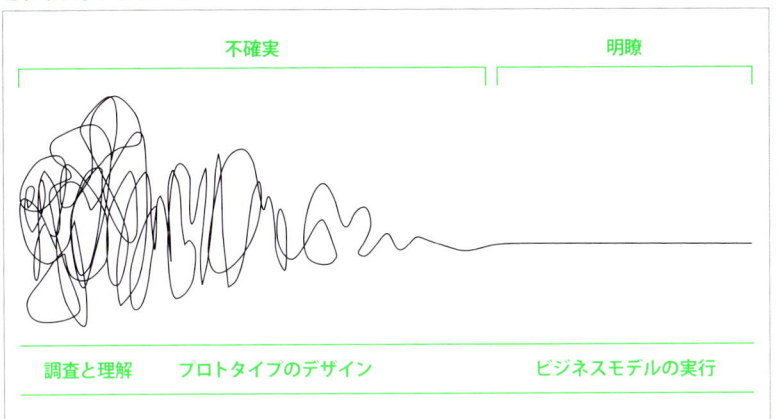

不確実	明瞭
調査と理解　　プロトタイプのデザイン	ビジネスモデルの実行

出典：ダミアン・ニューマン（Central）
ビジネスモデル・ジェネレーション（翔泳社）
247ページの図を参考に作成

この図は、デザインプロセスの特徴を表現しています。様々な考え方や複雑にいりくんだスパゲティ状態のデザインのもとになるものを徐々に明確な状態に解きほぐすようなイメージを分かりやすく表現しています。多くの可能性や不確実な環境要因をビジネスモデルのデザインに当てはめていく過程を何度も繰り返しながら、次第に明確で実効性のあるビジネスモデルに成熟させていきます。

デザインプロセスの5つのフェーズ

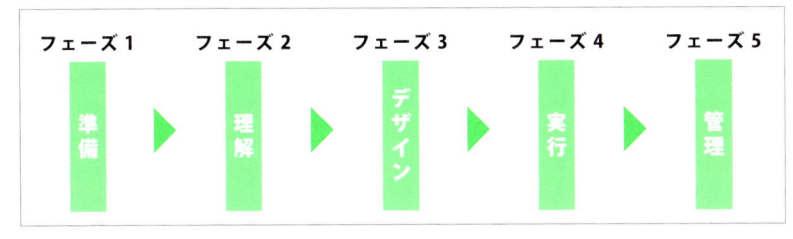

フェーズ1	フェーズ2	フェーズ3	フェーズ4	フェーズ5
準備	理解	デザイン	実行	管理

フェーズ 1

準備＝情報収集・チーム結成を行う

□ビジネモデル・デザイン　□チームの結成

ビジネスモデル・デザインのためのプロジェクト

何事も、最初の「準備」は大切です。最初のフェーズですべきことは「プロジェクトの目的を決め、初期のアイデアをテストし、プロジェクトを計画し、チームを結成すること」です。仮にひとりでスタートする場合でも、情報収集やアドバイスをもらうための仮想的なチームを設定しておくと良いでしょう。

研修目的で導入する場合でも、その目的やゴールの設定、対象者の選定などその成否を左右するという意味で同様に準備フェーズが必要です。この最初のフェーズでは、プロジェクトチームを結成し、正しい人と情報にアクセスすることが非常に重要です。業界経験の多い人、豊富なアイデアを出してくれる人、広い人脈を持っている人などを基準になるべく必要な人材を集めるか、もしくはコンタクトできるように準備しておきましょう。

決定権を持つ人への報告

もうひとつ、重要な作業として決定権を持つ人に報告し、プロジェクトを進めやすくするための根回しをしておくことも同様に大切です。プロジェクトは、組織の枠組みを超えて多くの人が関係するので、マネジメント層にきちんとプロジェクトの必要性を伝え、協力を得られるようにしておきます。サポートが得られるための確実な方法は、プロジェクトの当初から関係するトップマネジメントに直接関わってもらうことです。

組織の中で誰もが、現在のビジネスモデルを改革することに興味があるわけではありません。ビジネスモデルのコンセプト面ばかり強調しすぎず、実務的なメリットを説明しなければなりません。さらにプロジェクトを進める上で、何か障害が生じた場合にはすみやかに回避できるよう関係部署と調整しておくことも重要です。

ビジネスモデル・デザインプロジェクト成功のための準備

必要な活動	●プロジェクトの目的を決める ●初期のビジネスアイデアを検証 ●プロジェクトの計画立案 ●チーム結成
成功要因	●適切なメンバー ●経験や知識
注意点	●当初のビジネスアイデアの可能性を過剰評価してしまう

関連書籍を読んだり各種資料、市場調査などの業界動向をはじめ、社内の情報収集なども重要な作業となります。

フェーズ2

理解＝調査・分析を行う

☐バリエーションの検討　☐情報インプット

フェーズ2では、ビジネスモデルをデザインする上で必要な要素を調査・分析し、理解を深めていきます。このフェーズでは、業界の常識となっている考え方やビジネスモデルのパターンに疑問を持つことが重要です。Part2でご紹介したQBハウスなどの例にもありましたが、従来の業界での当たり前とは異なる考え方がイノベーションの種になり、新たな市場を創造することもあります。

ビジネスモデルを取り巻く環境を調査するために、市場調査や顧客の研究、その領域の専門家へのインタビュー、競合他社のビジネスモデルを調べるなど必要に応じてこれらを組みあわせて実施します。競合会社のキャンバスを描くことは、新規ビジネスだけでなく既存のビジネスに新しい変化を期待する際にも活用できます。

昨今のビジネスでは、同業他社以外の関連企業や競合企業にも注目するのを忘れないでください。例えば、オンラインバンキングでは銀行だけではなくコンビニやネットショップ大手や流通企業といった別の業態に競合が存在します。

たくさんの情報インプットが必要

理解を深めるためには、顧客や専門家をはじめ、たくさんの情報インプットが必要です。ビジネスモデル・キャンバスについても複数のパターンを募集したり、ワークショップなどを開催して、バリエーションを検討します。既存の顧客だけにこだわらず、ビジネスモデルの方向性を早期にテストできるようにしておくことも重要です。ワークショップは、いわば計画された偶然性を起こすために用いることもできます。様々なバックグラウンドを持つ人や実務に携わっている人などいつもとは違うメンバーを集めて実施してみると思わぬところに、新しい気づきが得られるかもしれません。

しかし、分析作業にパワーをかけすぎるあまり、マネジメントから生産性が低いと思われ、プロジェクトへの支援を失ってしまっては意味がありません。調査に基づくビジネスモデルの状況や進捗の報告も忘れずに行いましょう。

ビジネスモデル・デザインに必要な調査や分析

必要な活動	●環境調査 ●潜在顧客の研究 ●業界の専門家へのインタビュー ●今までの失敗例やその原因 ●アイデアや選択肢の収集
成功要因	●既存の市場への疑問 ●潜在的なターゲット市場の理解 ●ターゲット市場の定義
注意点	●調査に注力しすぎて、調査の目的がずれてしまう ●先入観で調査にバイアスがかかってしまう

ワークショップの開催や関係者とのディスカッションを通して、理解を深め、検討を行います。

フェーズ3

デザイン＝プロトタイプを作成する

□モデルの修正と変更　□参加型デザイン

フェーズ3では、ビジネスモデルの選択肢を考え、評価し、最善のものを選んでいきます。大胆で新しいアイデアを生み出すために、既存のビジネスモデルのパターンにこだわることなく、複数のアイデアを探求するための時間をしっかり取ることが必要です。複数のビジネスモデルのパターンを専門家や将来のクライアントからコメントをもらうなど必要に応じてモデルを修正、変更する作業も行っていきます。モデルがどのようになるのかプロトタイプによって市場テストを行うこともあります。例えば、モニター調査やテスト版などの提供で潜在顧客から意見をもらったり、身近な家族や知人から率直な意見をもらうことも必要かもしれません。なるべく顧客に近い視点での市場テストができるとより確信を持って次のプロセスに進めることができます。

参加型デザインが有効

固定概念からはなれて、いろいろなモデルの可能性を実行するためには、デザインチームをオープンにしておくことが必要です。例えば、異なる事業部やいろいろなバックグラウンドのメンバーに参加してもらうなど、オープンなチームにしておくとより効果的です。もしも、批判的なフィードバックがあったとしても、実行に伴う障害をあらかじめ回避するのにも役立ちます。

また、陥りがちな問題点としては、短期的な視点ですぐに収益があがるようなアイデアに偏ってしまうことがあります。特に大企業などの組織では、短期的な収益を求める"癖"がついているため、ついこうしたモデルに飛びつきがちです。しかし、新しいビジネスモデルを模索するときは、将来的な成長の機会を見逃さないよう、長期的な視点で考える必要があります。一見、収益性が低いと思われるモデルでも中長期で考えれば大きな発展の可能性がある優位性の高いデザインもあるかもしれません。これらを見逃すことなく、十分に実効性があるかどうか検証していくことが必要です。

選択肢を考え、評価し、最善のものを選ぶ

必要な活動	●ブレーンストーミング ●プロトタイプの作成 ●モデルのテスト、評価 ●最適なモデルの選択
成功要因	●組織を横断するメンバー ●現状にとらわれない発想 ●複数のビジネスモデルのアイデアを模索する十分な時間
注意点	●突飛なアイデアを排除する ●アイデアに簡単に惚れ込む

キャンバスを活用し、可能性の中で最善と思われるビジネスモデルのデザインを選択していきます。

フェーズ4

プロトタイプを実行する

□ビジネスプラン　□フィードバック

フェーズ4では、ビジネスモデルのプロトタイプを実行します。最終的なビジネスモデル・デザインが完成したら、実行するためにビジネスプランを作成します。ビジネスプランには、プロジェクトの定義やマイルストーン、予算やロードマップの準備などの作成を行い実行に着手します。

実行している中で、リスクや収入が当初の期待と異なることは、よくあることだと思います。想定された数字と実際の結果の比較を行い、市場からのフィードバックにあわせて迅速にビジネスモデルを適応させていくことが重要です。

例えば、新しいサービスのユーザが急増した場合、すぐにユーザの苦情やフィードバックに対応する仕組みを作らないと、すぐにユーザの不満が膨れ上がってしまいます。こうした障害に迅速に対応するためのメカニズムにも考慮しておく必要があります。

参加型のアプローチが実行でも有効に

新しいビジネスモデルを実行する上で、最初のフェーズから参加型でオープンなプロジェクトチームが有効であることに触れてきましたが、実行フェーズでもそれが生きてきます。

あらかじめ、デザインの段階で組織横断的なメンバーに参加してもらうことで、プランの実行前に障害を発見したり、また障害が発生した場合でも多くの協力を得られやすいことになります。

さらに新しいビジネスモデルの実行が軌道に乗った段階では、新しいビジネスモデルに適した組織構造を作る必要があります。もちろん独立した新組織なのか、それとも親会社の一事業部にするかなど既存のビジネスモデルとリソースが共有できうるかどうかなどでも条件が変わります。

また、新しいビジネスモデルを正しく伝え、スムーズな協力を得るために、認知度の向上や啓蒙を目的としたキャンペーン活動も必要になります。

ビジネスモデルのプロトタイプを実行する

必要な活動	●コミュニケーション、巻き込みながら盛り上げる ●実行
成功要因	●プロジェクトマネジメント ●ビジネスモデルを迅速に適応させる ●新旧のビジネスモデルの連携
注意点	●勢いが弱くフェードアウトしてしまう

実際に実行したプロジェクトのプロトタイプの検証は、展示会での参考出展や潜在顧客へのモニター依頼、グループインタビューなどで意見を伺うなどで、迅速に現状のボトルネックを顕在化することができます。

フェーズ5
ビジネスモデルを管理する
□調整や見直しを行う　□ポートフォリオの管理

フェーズ5では、ビジネスモデルを市場のフィードバックに合わせて、調整していきます。成功している組織では、新しいビジネスモデルを創造したり、既存のビジネスモデルを再考していく活動は、1回限りでは終わらずに必ずと言っていいほど、継続的に行っています。管理のフェーズでは、市場環境や顧客などの外部要因から今後どのような影響を受け、どのように対応していかなければいけないのかを理解するために、継続的にモデルを評価し、環境を調査していきます。

ビジネスは成長し常に変化を続けています。また顧客が解決してほしい課題やニーズも時と共に変わっていくこともあります。場合によっては、またフェーズ1から同じようなプロセスを繰り返し行うことが必要になることもあります。

市場の変化に対応

ビジネスモデルを評価するため、組織を横断的にまたがる選抜チームなどを結成し、定期的なワークショップの開催も検討しましょう。ビジネスモデルについて、調整や見直しを判断するのに役立ちます。

市場の成長に伴い、より積極的に対応する重要性も増しています。ビジネスモデルの「ポートフォリオ」を管理し、いくつもの方法を準備しておくことも考えておくと変化への対応を迅速に行うことができます。つまり、安全性と高収益性を可能な限り両立させるようなモデルや市場環境の変化に対応するためのモデルなど、状況に応じて方向修正しやすくしておくことが必要です。

成功したビジネスモデルのライフサイクルがどんどん短くなっている現在、継続的なビジネスモデルの修正を常に念頭に置いておくことが重要なのです。

製品のライフサイクル管理と同様、将来の市場の成長モデルと、現在、収益をもたらしているビジネスモデルをどのようにバランスをとるか考え始める必要があります。それによって、あらかじめ必要があれば次のビジネスモデルに投資をシフトするなど、経営戦略にも大きくかかわってきます。

ビジネスモデルのプロトタイプを管理する

必要な活動	●環境調査 ●継続的なビジネスモデルの評価 ●モデルの活性化と再考 ●企業全体のビジネスモデルの連携 ●モデル間のシナジーと競合の管理
成功要因	●長期的な視点 ●先手を打つ ●ビジネスモデルの統制管理
注意点	●成功による固定観念 ●適応に失敗

市場のフィードバックにあわせて、ビジネスモデルのデザインを修正する必要が生じる場合があります。定期的にワークショップを開催するなどしてビジネスモデルの調整や見直しを行っていきます。

Tech

PART 5

いろいろなテクニックで
BMGキャンバスを使いこなす

nique

ビジュアルシンキングの重要性

□ビジュアルシンキング

BMGでは、ビジュアルシンキングを特に重要視しています。ビジネスモデルは、ひとつの要素が他に影響するシステムであり、全体を捉えてはじめて意味をなします。

それを手助けしてくれる絵やスケッチ、図解や付箋紙などをよく使います。

複雑な概念であるビジネスモデルを誰にでも分かるような共通言語として活用するためにキャンバスはもちろんですが、いろいろな可視化のための手法を駆使することでより理解が深まります。

テクニックの活用

また、キャンバスと付箋紙をはじめ、ディスカッションを活性化するいくつかのテクニックがあります。

それぞれのテクニックには、メリット、デメリットがありますので、状況や参加者によって使い分けてください。

付箋紙による可視化

キャンバスもなるべくフリーハンドで描いていくことをお勧めしています。ブロックの各要素を、付箋紙を使って描いていきますが、簡単なガイドラインがあります。これを覚えておくとよりキャンバスの修正や議論を進めやすくなります。

・付箋紙に要素を描くときのガイドライン

●太いマーカーを使う
●1枚の付箋紙にひとつの要素を書く
●箇条書きで記述する
●新しい要素を追加したり、変更した要素は違う色の付箋紙を使う

ブロックに貼り付ける付箋紙に、事細かく書いている人をワークショップでよく見かけます。最初にたくさんの考えうる要素を描き出すことはとても重要ですが、なるべく、最終的には箇条書きにまとめてみてください。また、たくさん貼られた付箋紙ももう少し大きな概念でまとめることはできないか検討してみてください。最初に思ったよりももっと典型的なパターンにまとめられることに気づきます。集約する作業を通じて、より本質的な理解が深まりますし、俯瞰的に判断しやすいキャンバスに仕上がります。

ビジュアルシンキングの方法

① あとから、変更修正、追加をしやすくするため、大きめの付箋紙にひとつの要素だけ記述していきます。
② 太めのマーカーを使うと情報を詰め込みすぎることがなくなり、整理するときに役立ちます。
③ 箇条書きを心がけることで、誰が見ても分かりやすくなります。

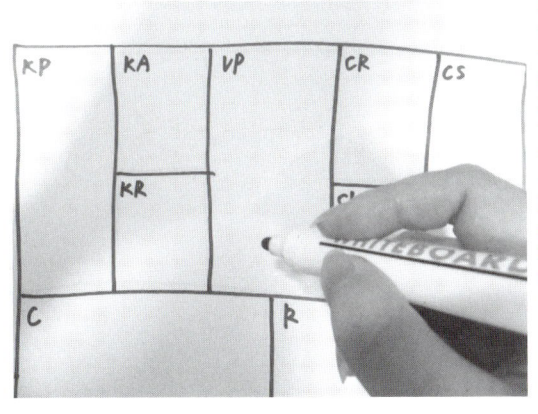

キャンバスはホワイトボードや模造紙などの大きめの紙に記述するか、プリントすることをお勧めしますが、紙さえあれば手書きで簡単に描くことができます。
キャンバスは、以下のURLからダウンロード可能です。
http://www.businessmodelgeneration.com/downloads/business_model_canvas_poster.pdf

図やイラストを活用する

□図による整理法

図やイラストは、理解を助けるツールとしてみなさんのプレゼンでも多く使われていると思います。キャンバスを作成するためのディスカッションやビジネスの流れを理解する過程で、たいへん有効です。

いろいろなアイデアを出し合う段階では、より柔軟で視覚的な思考が求められますので図版を多用するのはとても良い方法です。

キャンバスを定型のフォーマットで作成することにこだわることなく、参加メンバーが分かりやすくなるように図で説明しても構いません。

キャンバスもすべてのブロックが必要ではないビジネスモデルも存在することがあります。このような場合は堅苦しく考えずに、使えるブロックの要素のみに集中して議論を進めても一向に構いません。また、ビジネスプロセスや相互の関係をフローチャートのような図で整理することもあります。また統計や市場データなどをあらかじめ、グラフ化しておくことなども重要です。

アイデアをまとめる場合は、発想の過程自体を図やマインドマップのような可視化ツールで描いておくのもいいかもしれません。思考の過程をそのまま見せたほうが、ほかのメンバーの理解が得られそうな場合には、そのままそのときに作成したマインドマップの図をパワーポイントに貼り付けてプレゼンすることもあります。

キャンバスのブロックの要素がどのように相互に関係しているかを確認する場合など、図やイラストで描いてみてから、箇条書きにまとめていけばより簡潔に分かりやすくまとめることができます。私はホワイトボードなどに、思いついたアイデアを図を描いて説明することがあります。そのほうが伝わりやすいと思ったら、ぜひそのイラストを活用して議論を進めてください。

また、付箋紙に記述していく要素を文字ではなく象徴的なイラスト、アイコンなどで表現しても構いません。

キャンバスの要素（ブックオフの例）

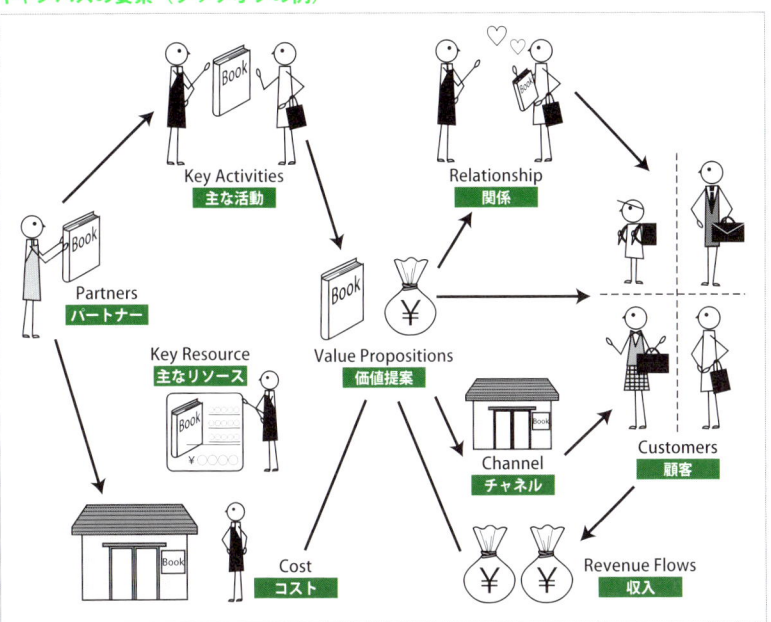

「ビジネスモデル・ジェネレーション」（翔泳社）
179ページを参考に作成

グループメンバーに説明する際には、画像やイラストなどを交えながら説明するとより分かりやすくなります。また、画像はフリーハンドでも構いませんのでコストや時間も最小限で済む方法を取り入れてみてください。

動画を活用する

□動画によるプレゼン

参加メンバーが多い場合や理解度などにばらつきがある場合、最初の意識合わせやビジネスの背景などを理解するためにビデオなどの動画による情報を使う方法もあります。

例えば、様々なメンバーが集まるワークショップや研修では、これから検討しようとするビジネスに関する知識にばらつきがある場合があります。そのようなときには、ファシリテーターやキャンバスオーナーが説明するだけでなく、動画を活用します。それにより、多くの参加者がそのビジネスや人物の背景や活動を端的に理解してから議論に入ることができます。

数分のビデオクリップを作成することが望ましいのですが、企業のプロモーションビデオや報道された動画などを再利用しても、企業や事業活動のサマリーを理解させることができます。

また、プレゼンなどでも動画は威力を発揮します。はじめて相手に自分たちのモデルを紹介し短時間で印象付けなければならない場合、全体のコンセプトや象徴的なイメージを動画で表現することで、そのあと説明する詳細にスムーズに入っていける雰囲気を作り出す効果もあります。

動画を改めて作成するには、コストや時間がかかります。ワークショップなどに利用するためには、動画でなくても写真を連続してビデオクリップやスライドショーのように作成するソフトなどを活用すると便利です。比較的安価で専門知識も必要ないソフトがたくさん販売されています。イメージで理解したほうが早いと思われる場合には、象徴的な写真を連続でつなぎあわせて見せるだけでも動画と同じような効果が得られます。

また、言葉で説明するより動き自体を見たほうが断然分かりやすい場合は、家庭用のビデオカメラの映像を見るだけでもたくさんの情報量を提供することができます。

また、あとで必要になりそうな写真をいつでも撮り貯めておく習慣をつけておくことをお勧めします。ビデオクリップ作成の素材になりますし発想のヒントにもつながります。

動画活用事例

企業によっては会社案内や事業別の動画をホームページにアップしてあります。これらの動画は、事業概要を把握するためのツールとして活用することで、短時間で情報を共有するのに役立ちます。特に企業研修など大掴みにサマリーを理解するときにはたいへん便利です。

出典：旭化成 WEB ページ
(http://www.asahi-kasei.co.jp/asahi/jp/aboutasahi/corporate_movie/)

写真を使ったスライドショー作成ツール（フリーソフト）

- ムービーメーカー
- Windowsムービーメーカー
- Photo Slideshow Maker Free
- Windows フォトストーリー
- FastStone Image Viewer
- フォトシャッフル
- Ravi（ちょっとだけ動画作成ツール）

BMG Work Book　139

写真を活用する

□ビジュアル活用例　□ワークショップでの利用法

最近では、会議で議論されたホワイトボードなどを写真で記録したり再利用することが多くなっています。
BMGでも画像やフリーハンドでのグループワークが多いためいろいろな場面で写真が役に立ちます。
議論を進める過程やワークショップの開催中など様々なシチュエーションで写真が活用できますので、カメラを常備しておくことをお勧めします。
特にキャンバスは、最終形だけでなく議論の過程も非常に重要です。あとで、その過程を振り返ることができるように途中経過のキャンバスもきちんと記録しておきましょう。
キャンバスをデジタル化して利用するためのツールなどもありますが、ディスカッションの過程が一目瞭然の手書きのキャンバスは、あとから振り返る場合にも非常に役立ちます。
そこで、時間経過や過程ごとに撮影してキャンバスの記録を保管しておきます。
記録用にはデジカメやスマホでの撮影が一般的だと思いますが、インスタントカメラも有効です。その場で参加メンバーにプリントして渡したり、ビジュアルアイコンとしてキャンバスに貼り付けたり、メンバーの自己紹介用に名前と共に貼っておくなどいろいろな場面で活躍します。特に、はじめてのメンバーと開催するワークショップなどでは大いに威力を発揮します。
写真を活用するケースの例をご紹介しておきますので参考にしてください。

（1）議論するビジネスに関係する写真で共通理解を深める。
（2）象徴的な画像をアイコンとして貼り付けることでイメージがわきやすくなる。
（3）参加メンバー同士の自己紹介のために写真を使う。
（4）議論を進める過程で描かれた画像やフリーハンドの図を記録する。
（5）キャンバスを記録する。
（6）ワークショップなどの開催レポートのために記録する。
（7）モニター調査や市場テストでの風景を記録し、レポートやフィードバックに活用する。

写真でキャンバスを記録しておく

手書きで作成したキャンバスは、そのまま保存するのが難しいため、記録にも写真が大活躍します。

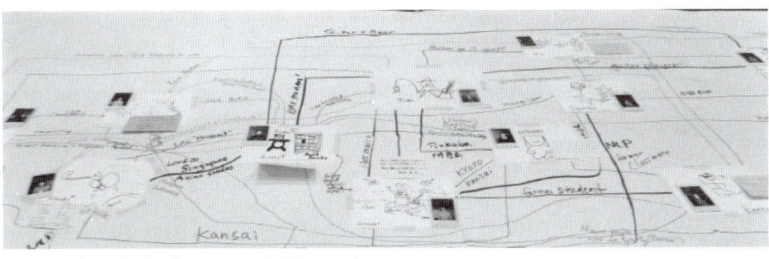

参加メンバーの自己紹介やイラストなどインスタントカメラで撮影した画像は、その場で貼り付けて利用します。視覚的に理解したり、印象に残りやすいといったメリットがあります。

より深い理解のためのテクニック

□ロールプレイ　□課題意識の共有

ロールプレイとは

一般的には、実際の仕事上の場面を設定し、そこでの役割を演じることで、実務上のポイントを体得する方法です。
デザインしたビジネスモデルの理解を深めるために、現実に起こる場面を想定していきます。複数の人がそれぞれの役を演じながら疑似体験していきます。ある事柄が実際に起こったときに適切に対応できるようにするための方法のひとつですが、ロールプレイでは、ある特定の（自分と違う）立場の人になったつもりで、ある問題について考え、それを表現するというところに特徴があります。
例えば、作ったばかりのビジネスモデルやアイデアを、参加者がある役割になりきって演じてみます。

ロールプレイを行うことで、想定される状況を物語のようにたどることができ、ロジックだけを聞いて理解するより、体感的で分かりやすく、参加者同士が課題意識をより共有しやすくなります。

特定の課題についての理解を深める

与えられた役割を演じ、話し合うためには、その役割や扱っているテーマについての知識や想像力、情報が必要です。また、話し合いを通して課題が明確になってきた場合には、さらに資料集めや潜在顧客へのインタビューなどを行うことによって、一層理解を深めることができます。立場によっても考え方の違いが生じることがあります。あるいは、相互に関連する環境や要素によっても思ってもいなかった場面が出てくるかもしれません。机上だけでは気が付かない観点で、より現実的にビジネスモデルを理解しておく必要性を感じたらロールプレイを試してみることをお勧めします。
ロールプレイを通じて、傾聴と共感の重要性、やりとりを通して状況が変化することをつかむことを目的に、よりリアリティのある設定で進めるとさらに納得できる結果が得られると思います。

「ロールプレイ」の進め方の例

パターン1：参加者全員を登場人物の数にグループ分けし、各グループに配役する。

① 各グループに「役割カード」を配り、読んだらグループ内でその役割について話し合う

▼

② 各グループから1人、代表者を出し、グループ内での話し合いの内容に沿って、全員の前でそれぞれの役割を演じ、意見を言う。

▼

③ 合意形成をめざし、全員で話し合う。

▼

④ 時間に余裕がある場合は、課題の整理や、グループごとの調査や再検討を行いながら全体合意のための話し合いを行う。

▼

パターン2：参加者の中から登場人物の数だけ代表を選び、他の参加者の前で演じる。

① 代表者に「役割カード」を配る。

▼

② 代表者は、「役割カード」に沿って役割を演じ、意見を言う。

▼

③ 登場人物（演じ手）による話し合いが決裂した状態でいったんストップする。

▼

④ 各登場人物はどのような考えだったのか、参加者全員で話し合う。

▼

⑤ 解決策について、全員で話し合う。

▼

アイデア出しの方法

□ブレーンストーミング

大きな紙とスペースを用意する

キャンバスは、大きなほうがいいのでホワイトボードか模造紙に枠を描いておくか、A1サイズのプリントが可能な場合は、ダウンロードしたキャンバスのデータを出力しておくと便利です。

できるだけ、立って動きながらキャンバスを作成していったほうがいろいろな考えを出し合いやすいのでスペースにもゆとりがあったほうが良いでしょう。

ワークショップでは、4〜5人をひとつのグループとして作業します。それぞれが付箋紙を書き込む机と、キャンバスを貼って議論するための壁面やホワイトボードなどがおけるスペースを確保しましょう。

アイデアは質より量

良いアイデアは、そうそう簡単には生まれないと思っているかもしれません。しかし、"数打てば当たる"。アイデアをたくさん生み出すのが、良いアイデアを作る一番簡単な方法です。失敗しても良いから、とりあえず弾を打ち続けましょう。

そのためにも自分ひとりだけで考えるのではなく、なるべく何人かでブレーンストーミングしながらたくさんの意見を出し合う雰囲気作りから始めましょう。いろいろな意見が出る過程で、自分が思いつかなかった考え方や気づきが得られるだけでも大きな収穫です。

意見出しの際には、出てきた意見を批判することはやめて、まずは聞くことに集中しましょう。

もし、堅苦しい空気になりがちなメンバーに偏った場合は、いつもとは違うメンバーに入ってもらったり、リラックスできる音楽をかけるなど雰囲気を変えるよう試してみましょう。

私がワークショップを行う場合は、BGMの音楽を用意したり気分転換のための甘いものを用意したりします。いずれにしても自由に考えたことを言い合える環境作りも良いキャンバスを作成するための大切な条件だということを覚えておいてください。

ブレーンストーミングは自由な雰囲気で

改まった雰囲気になりがちな会議形式よりも、広いスペースと自由な雰囲気で体を動かしながらキャンバスを作成したほうが普段と違うアイデアが生まれる可能性が高くなります。

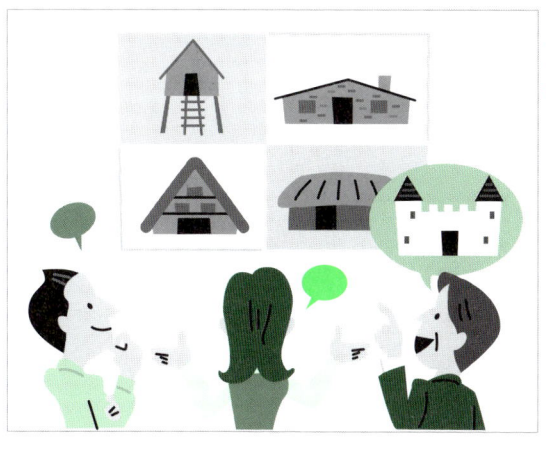

まずはたくさんの意見を出しあって、新たに気づいたことや見逃していた視点はないか、改めてアイデアを集約します。

Sa

PART 6

**BMGキャンバスの
実例サンプル**

サンプル1

楽天市場〜成長を続けるビジネスモデル〜

□ポジティブフィードバック　□共通プラットフォームの提供

日本最大のショッピングモールとして広く知られている楽天市場（楽天）のキャンバスの例です。楽天は、様々な店舗を集めたネット版の商店街です。お店が増えるとユーザが増える、ユーザが増えるとお店も増えるというポジティブフィードバックで成長を続けているビジネスモデルです。

顧客は、グループ内サービスで利用可能な共通のIDを持つことが特徴です。これによって、複数の店舗でも同じIDと決済サービスを活用して一元的な管理が可能になっています。

また、この共通IDで管理できる『楽天スーパーポイント』は、「楽天」内での買い物やサービス利用時に貯めたり使ったりすることができ、楽天会員のグループサービス内での回遊的・継続的な利用を促しています。
そのため楽天では共通したプラットフォームの提供が大きな意味を持っています。

楽天市場のキャンバス

KP パートナー	KA 主な活動
	店舗の誘致 店舗の教育 システムの維持
	KR 主なリソース ネットショップノウハウ システム（プラットフォーム） ブランド

C$ コスト構造
システム（プラットフォーム）開発・維持
人件費

www.businessmodelgeneration.com

VP
価値提案

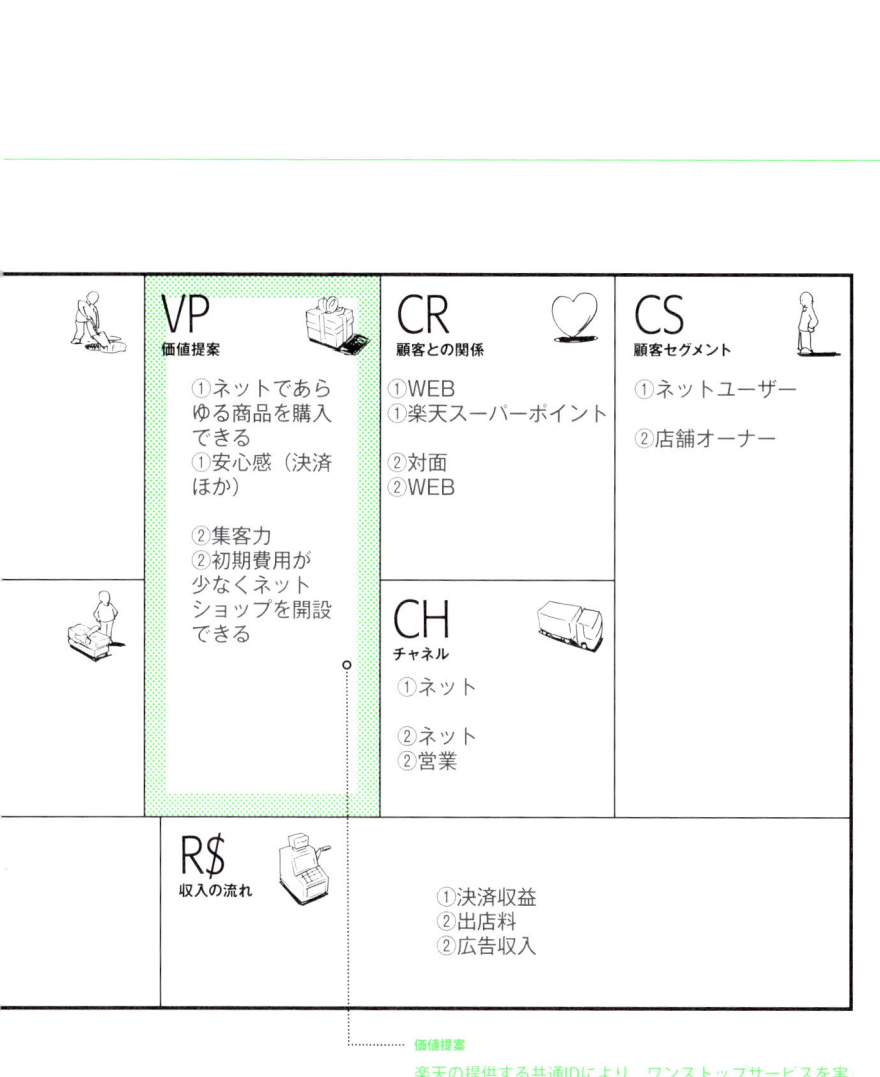

①ネットであらゆる商品を購入できる
①安心感（決済ほか）

②集客力
②初期費用が少なくネットショップを開設できる

CR
顧客との関係

①WEB
①楽天スーパーポイント

②対面
②WEB

CS
顧客セグメント

①ネットユーザー

②店舗オーナー

CH
チャネル

①ネット

②ネット
②営業

R$
収入の流れ

①決済収益
②出店料
②広告収入

価値提案
楽天の提供する共通IDにより、ワンストップサービスを実現しました。

サンプル2

@コスメ（アットコスメ）
〜広告収入型収益モデル〜

☐口コミWEBサイト　☐女性向けビジネス

@コスメ（アットコスメ）は、女性には広く知られた口コミサイトです。
食べログなどと同じように、消費者が生成するコンテンツの集合知を活用したモデルです。今では、当たり前になった口コミですが、従来は店舗やメーカー側からの商品説明が主なコンテンツだったのに対し、消費者の率直な意見や感想が購買に大きな影響を与えることが、ソーシャルメディアが注目される大きな要因です。

化粧品の口コミサイトとして、圧倒的な人気を誇り、口コミや商品情報をランキングでチェックしたり、オリジナル商品の企画に参加できたり、スキンケアやメイクの疑問を質問できるなど多彩なコンテンツで利用者も多く、ネットの人気から逆に実店舗@cosme storeができたほどの人気を誇っています。

@コスメ（アットコスメ）のキャンバス

KP パートナー	KA 主な活動 システムの維持
	KR 主なリソース システム（プラットフォーム） ブランド 口コミコンテンツ

C$ コスト構造
システム（プラットフォーム）開発・維持
人件費

www.businessmodelgeneration.com

VP 価値提案	CR 価値提案	CS 顧客セグメント
①口コミの投稿と検索 ①コンテンツの信ぴょう性（消費者の生の声） ②集客力 ②口コミの検索（生の声を商品開発に活用）	①WEB ②WEB	①主に化粧品に関心の高い女性 ・口コミを書き込むユーザー ・評価を見るだけのユーザー ②化粧品メーカー
	CH チャネル ①WEB ②WEB	

R$ 収入の流れ

①収入なし
②広告収入

····· 主なリソース
無料で公開された口コミコンテンツがデータベース化されており、重要な情報資産になります。

····· 顧客セグメント
口コミサイトでは、直接収入を得られないユーザー層が、最も重要な顧客セグメントとなります。

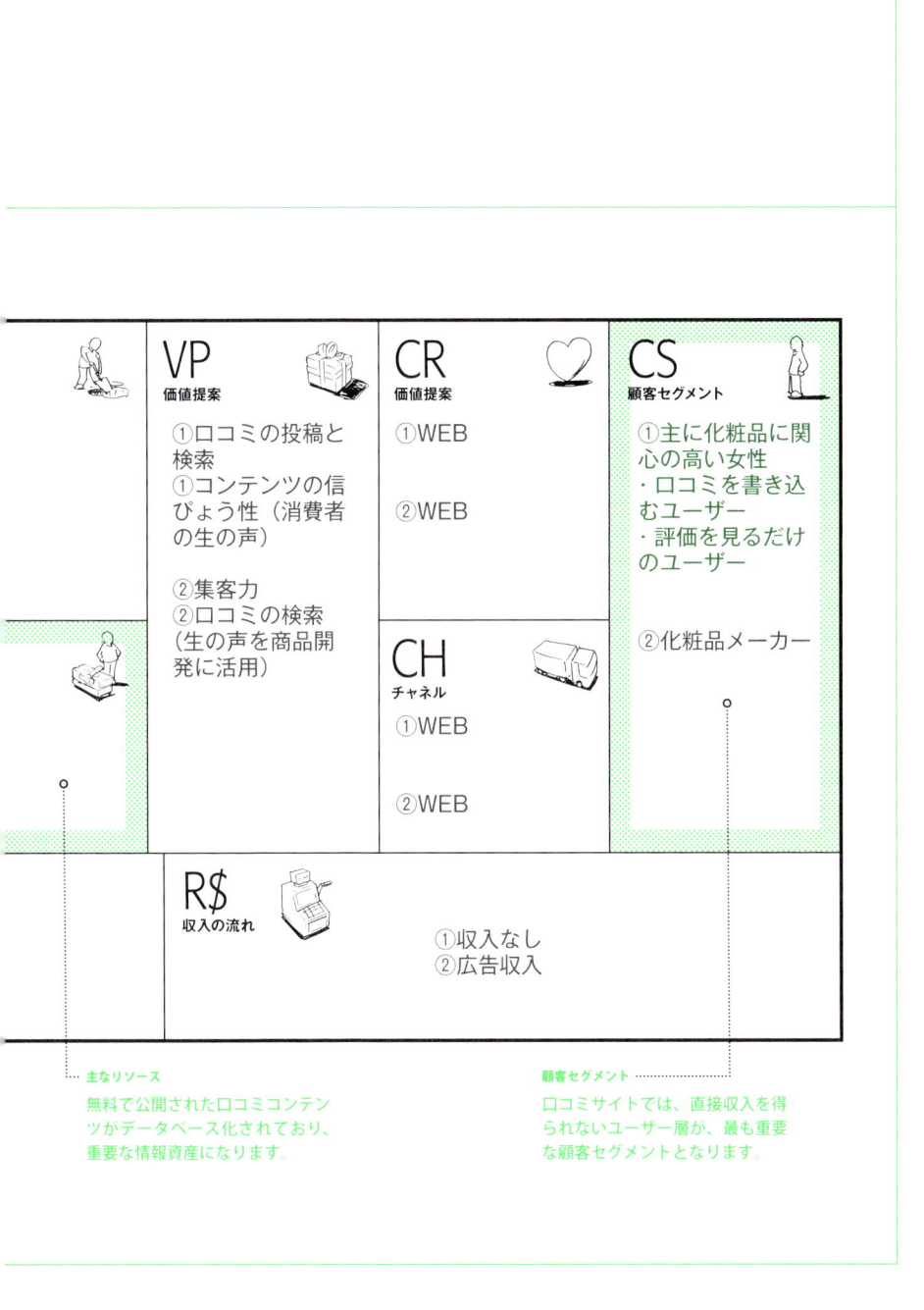

サンプル3

コストコホールセール
～会員制ビジネスモデル～

☐PBの商品開発　☐コスト削減

コストコホールセール（コストコ）は、人気商品を低価格で購入することができる会員制倉庫型店です。米国発のコストコの店舗は、日本では、まだ十数店舗にとどまりますが、ここ数年で大きく店舗数を増やしていることや、TVなどのメディアに取り上げられることも多いのでご存知の方もいらっしゃるでしょう。
コストコは米国発の利点を生かし、輸入製品を低価格で提供したり、オリジナル商品に熱烈なファンがいることでも知られています。

このような会員制や独自の**PB（プライベートブランド）**商品の開発など顧客のリピート率を向上する工夫をする一方、段ボールのまま陳列しオペレーションコストを低減したり、支払いタームを延ばすことを条件に、仕入れ先から大量に購入する、取引先を多くすることで競争を促すなど、複合的な取り組みを組み合わせることで低価格を実現しています。

コストコホールセールのキャンバス

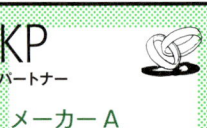

KP パートナー	KA 主な活動
メーカー A メーカー B メーカー C メーカー D	人気商品の大量仕入れ PB 商品開発 取引先との交渉
	KR 主なリソース
	問屋を通さない仕入れの仕組み 会員制の販売システム

C$ コスト構造
店舗システム（プラットフォーム）開発・維持
人件費

www.businessmodelgeneration.com

VP
価値提案

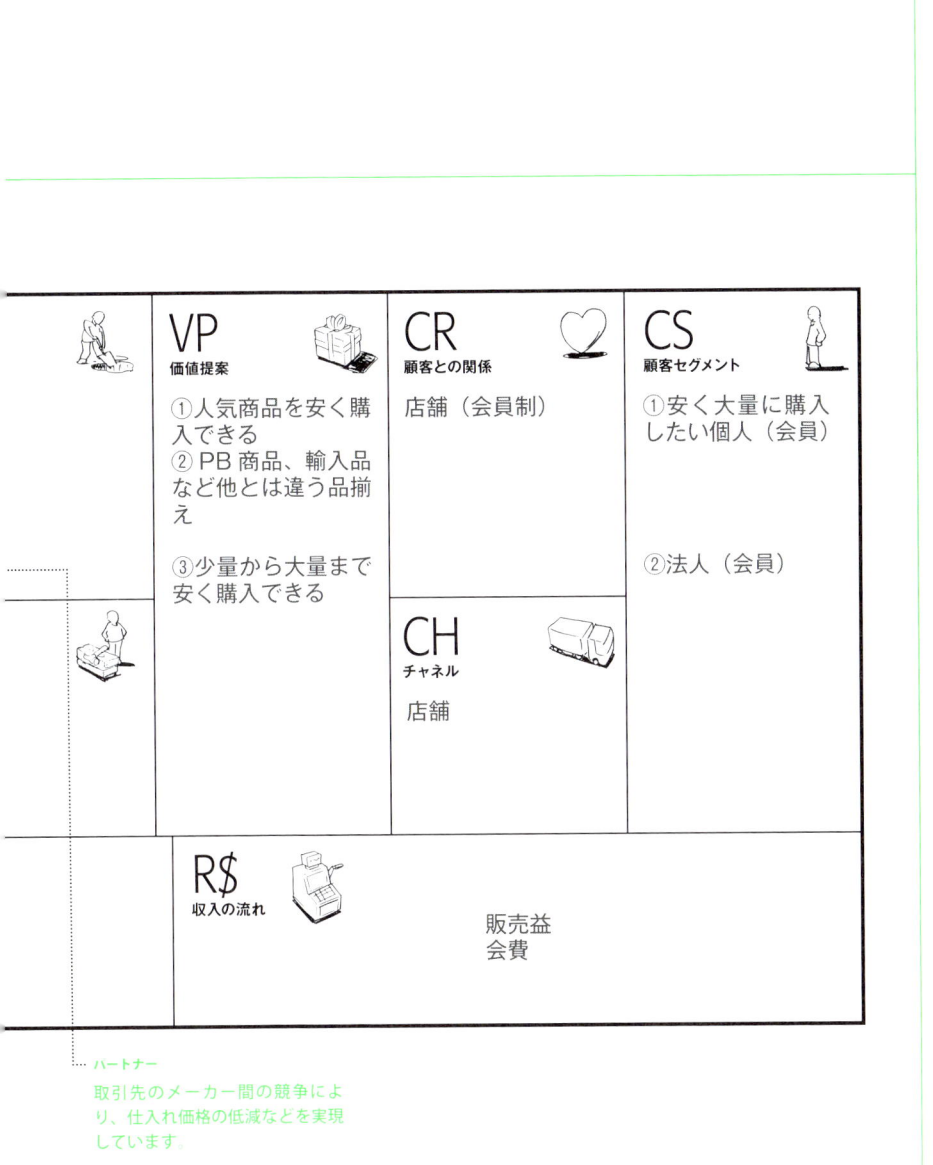

① 人気商品を安く購入できる
② PB 商品、輸入品など他とは違う品揃え

③ 少量から大量まで安く購入できる

CR
顧客との関係

店舗（会員制）

CS
顧客セグメント

① 安く大量に購入したい個人（会員）

② 法人（会員）

CH
チャネル

店舗

R$
収入の流れ

販売益
会費

パートナー
取引先のメーカー間の競争により、仕入れ価格の低減などを実現しています。

サンプル4

DHC ～チャネル変化型戦略モデル～

□通信販売→コンビニ販売

DHC（ディー・エイチ・シー）は、化粧品、健康食品、サプリメントなどの製造販売を行う総合メーカーです。
現在では、健康食品の取扱品目363種類を有する最大手企業に成長、美容・健康食品通販売上No.1の実績を誇っています。
（2012年1月1日　日本流通経済新聞通販・通教・EC売上高より）。

DHCの特徴は、通信販売を主体に成長してきましたが、オンラインショップや直営店の開設よりずっと以前にコンビニでの販売を強化してきたことにあります。ターゲットにした若年層の購買に圧倒的な影響を持つチャネルを注力し、コンビニチャネルにフォーカスした戦略は大きな成功の足掛かりとなりました。

独自のチャネル開拓ではなく、既存のチャネルとして効果の高いコンビニを活用することで、認知度の向上、購買機会の増大、買いやすさなど複数のアドバンテージを顧客に提供することが可能となりました。

DHCのキャンバス

KP パートナー	KA 主な活動
	KR 主なリソース
C$ コスト構造	

www.businessmodelgeneration.com

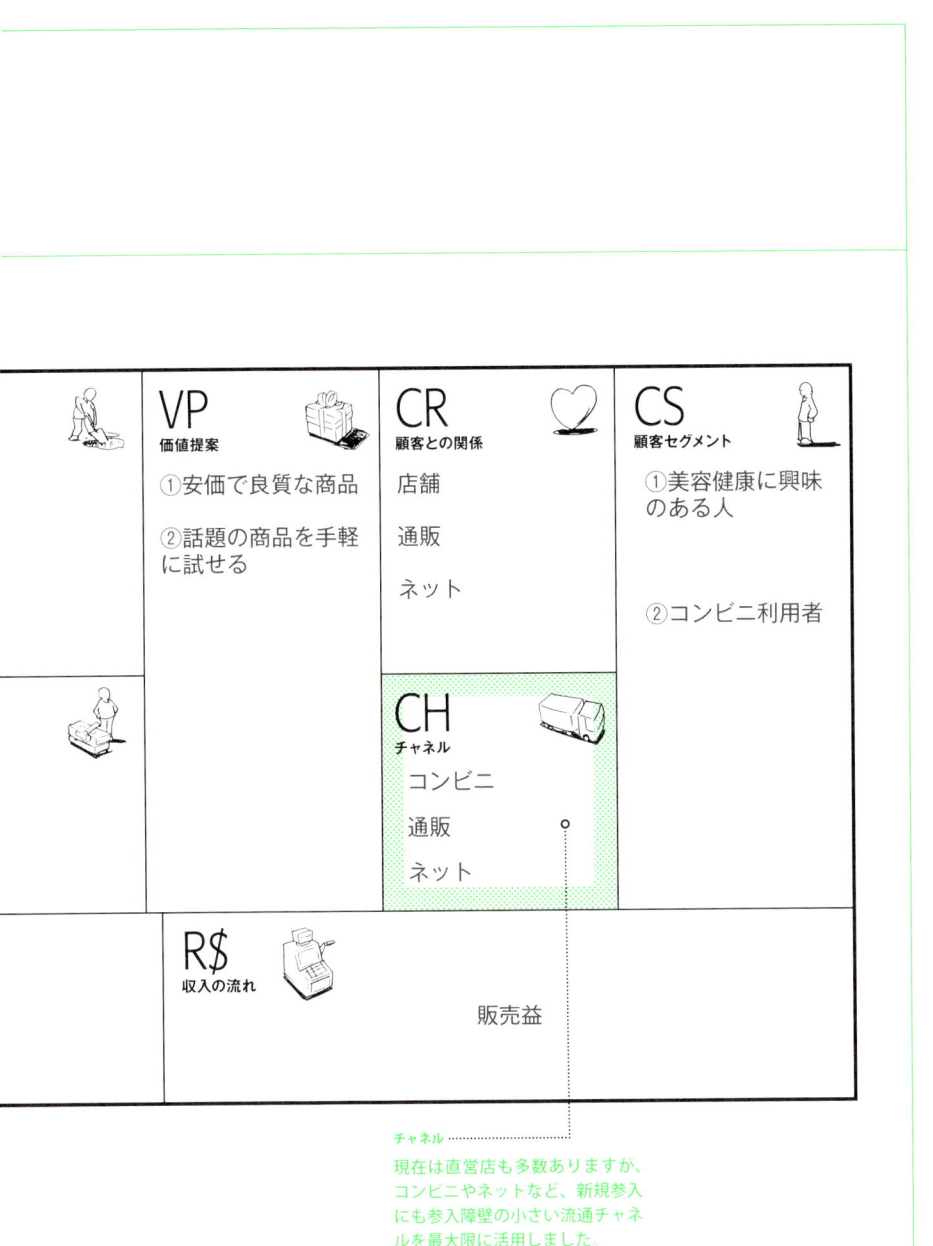

VP 価値提案	CR 顧客との関係	CS 顧客セグメント
①安価で良質な商品 ②話題の商品を手軽に試せる	店舗 通販 ネット	①美容健康に興味のある人 ②コンビニ利用者
	CH チャネル コンビニ 通販 ネット	

R$ 収入の流れ	
	販売益

チャネル
現在は直営店も多数ありますが、コンビニやネットなど、新規参入にも参入障壁の小さい流通チャネルを最大限に活用しました。

サンプル5

移動スーパー～在庫活用型ビジネス～

☐ シニア向けビジネス

従来、住宅街や団地への移動スーパーなどの業態が存在しましたが、コンビニの定着や郊外の大型店舗の進出などにより、絶滅も時間の問題とされていました。しかし、過疎化などの問題が顕在化した地方では、高齢者を中心に「買い物難民」が急増しています。そのため、皮肉にも「移動スーパー」が見直されるようになりました。
最近では、自由に移動できない高齢者の数少ない買い物の機会として欠かせないものになっているほか、独居老人の安否確認の機能も兼ねるなど社会的にも必要性に注目が集まっています。

多くの移動スーパーは、既存店舗の出張形態としてのモデルをとっており、在庫を活用することで、在庫ロスや多品目小ロットの商品数の確保のための経費削減を行っています。一方、独立系の移動スーパーでは、移動のためのガソリンコスト等の高騰といった収益性の面で苦境に立たされており、社会的な意義からも公共の支援の声が高まっています。

移動スーパーのキャンバス

KP パートナー	KA 主な活動
	顧客のニーズに合った仕入
	定期的な移動販売
	KR 主なリソース
	自動車やトラック

C$ コスト構造
移動コスト（ガソリン、人件費）

www.businessmodelgeneration.com

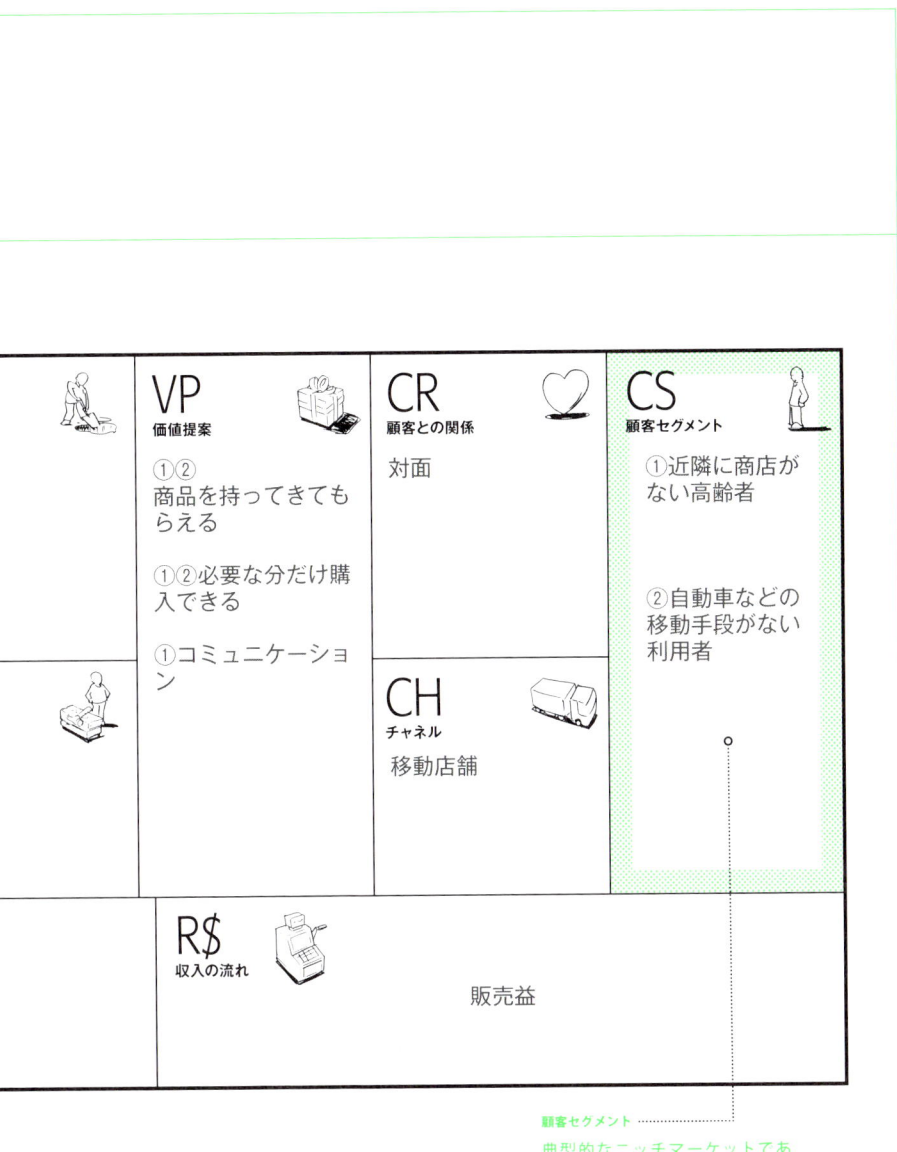

VP 価値提案	CR 顧客との関係	CS 顧客セグメント
①② 商品を持ってきてもらえる ①② 必要な分だけ購入できる ① コミュニケーション	対面 **CH** チャネル 移動店舗	① 近隣に商店がない高齢者 ② 自動車などの移動手段がない利用者

R$ 収入の流れ	
	販売益

顧客セグメント
典型的なニッチマーケットであり、この顧客セグメントに特有の課題を解決することが、このモデルの価値提案（VP）となります。

サンプル6
語学教師〜海外起業型ビジネス〜

□価値提案　□主なリソース

酒井氏は、世界各国の外国人向けに日本語学校で日本語を教えています。

当初、日本語を教える上で日本語の上達を支援することが、語学教師としての価値だと思っていました。そのため、読み書きや文法など日本語を正しく学ぶための教材作りや教育手法に尽力してきました。

しかし、多くの受講生は日本で社会生活を送る上での課題を解決するためのツールとして語学の習得を行っていることに気が付きました。

そのため、日本語の上達だけでなく、実際に生活やビジネスを円滑に行えるように、文化的側面や習慣などを教えることに重点を変えました。

日本人からすると当たり前に感じていることを外国人の目から見て納得できるように日本の良いところを伝えることが語学教師として、人間としての信頼を得られると感じています。

酒井氏のキャンバス

KP パートナー	KA 主な活動
	日本語を教える
	日本文化や生活習慣を教える
	KR 主なリソース
	指導ノウハウ
	多岐にわたる知識
	コミュニケーション力

C$ コスト構造
指導のためのノウハウや知識の習得
様々な文化的背景への理解（我慢強さ）

www.businessmodelgeneration.com

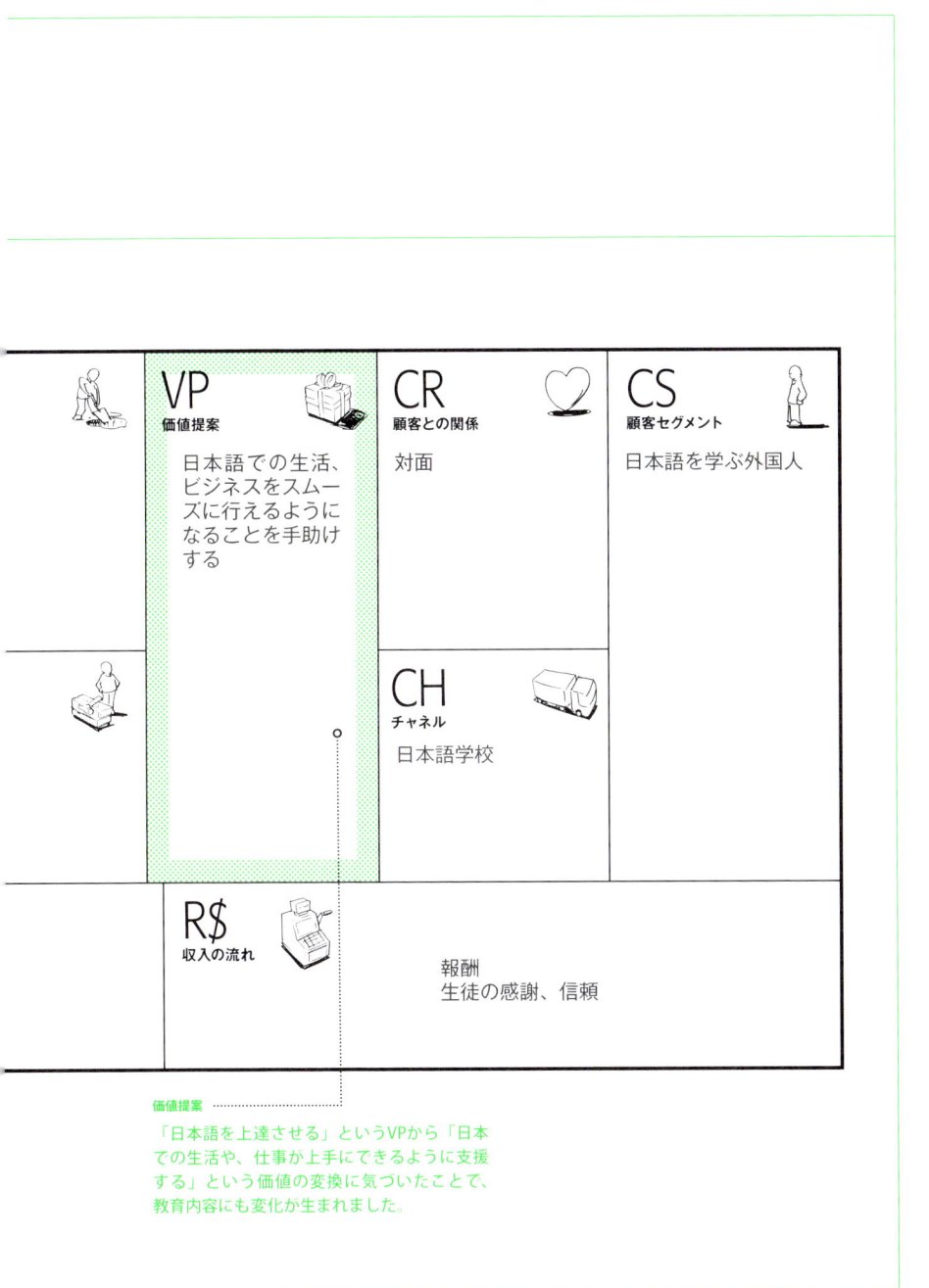

VP 価値提案	CR 顧客との関係	CS 顧客セグメント
日本語での生活、ビジネスをスムーズに行えるようになることを手助けする	対面	日本語を学ぶ外国人
	CH チャネル 日本語学校	

R$ 収入の流れ	
	報酬 生徒の感謝、信頼

価値提案
「日本語を上達させる」というVPから「日本での生活や、仕事が上手にてきるように支援する」という価値の変換に気づいたことで、教育内容にも変化が生まれました。

サンプル7
企業広報担当者
～自分の価値をビジュアル化する～

☐主な活動　☐価値提案

井上氏は、IT系ベンチャー企業の広報宣伝部で働いています。主に広報を担当していますが、昨今では広報のほかパブリシティ（宣伝）活動と連携したマーケティングアクティビティも多くなっており、キャンバスで自分の価値をビジュアル化して整理しました。

結果、マーケティングなどの業務では、顧客セグメントを意識した戦略立案なども多く経験しているため、キャンバスの考え方はすんなり理解できましたが、いざ自分を分析してみると下記のような自身の活動を理解できました。

つまり広報に関連する活動は、自分の持っているコミュニケーション力が大いに役立っていると感じており、自社の製品やサービスを伝えることを通じて、多くのファンの獲得に貢献していきたいと感じていることが分かりました。

また、知らないことや苦手な課題に直面しても、自分なりに相手の懐に入っていくアプローチで対処することは、自分のリソースを生かすことであると自身で認識できたため自信を持って取り組めるようになりました。

井上氏のキャンバス

KP パートナー
広告代理店
メディア営業

KA 主な活動
・プレスリリース作成
・プレスリレーション
・Webなどのコンテンツの編集
・ソーシャルメディア対応

KR 主なリソース
文章力
コミュニケーション力

C$ コスト構造
業務以外での人脈開拓（交流会、食事会）
業界トレンドの情報収集

www.businessmodelgeneration.com

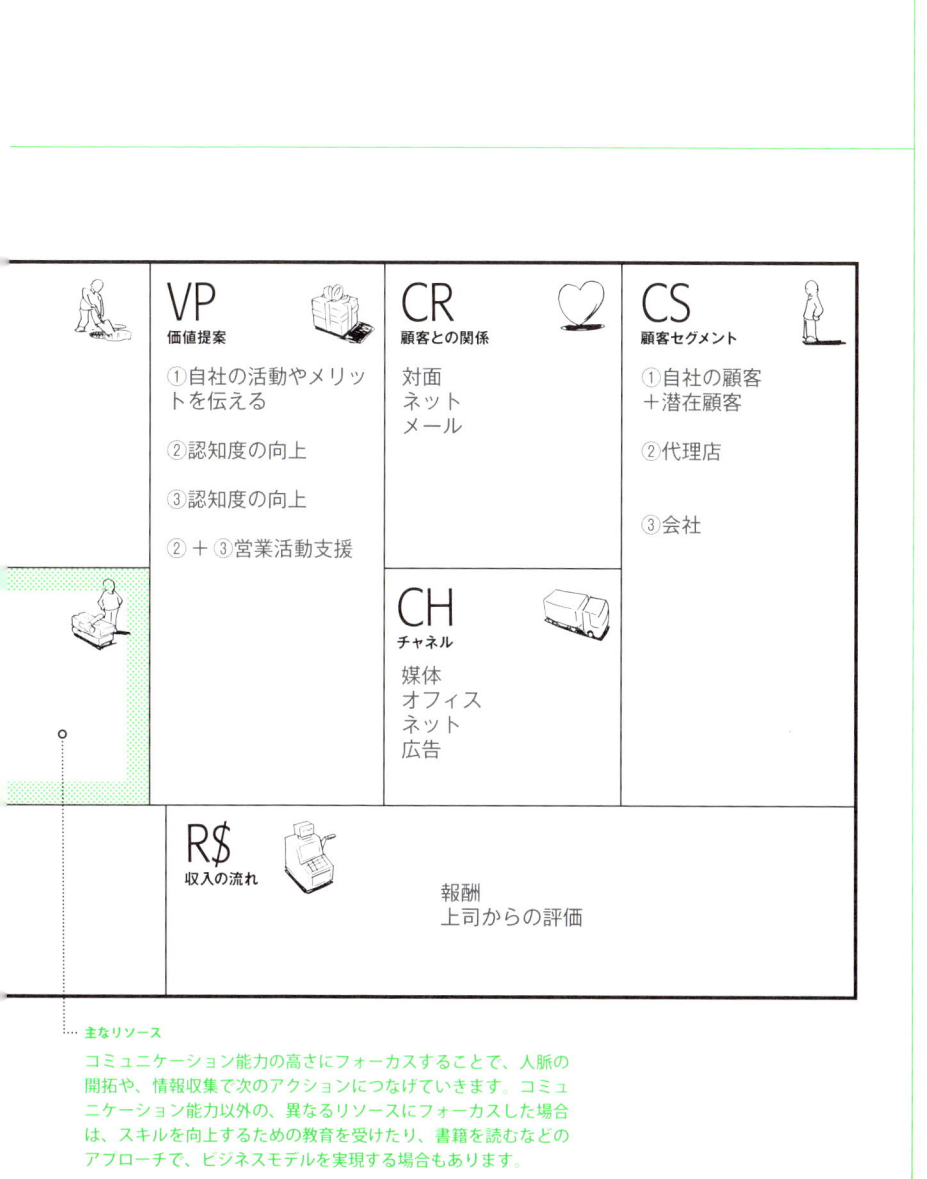

VP 価値提案	CR 顧客との関係	CS 顧客セグメント
①自社の活動やメリットを伝える ②認知度の向上 ③認知度の向上 ②＋③営業活動支援	対面 ネット メール **CH** チャネル 媒体 オフィス ネット 広告	①自社の顧客 ＋潜在顧客 ②代理店 ③会社

R$ 収入の流れ

報酬
上司からの評価

主なリソース
コミュニケーション能力の高さにフォーカスすることで、人脈の開拓や、情報収集で次のアクションにつなげていきます。コミュニケーション能力以外の、異なるリソースにフォーカスした場合は、スキルを向上するための教育を受けたり、書籍を読むなどのアプローチで、ビジネスモデルを実現する場合もあります。

サンプル8

WEBデザイナー
～フリーランスのキャンバス～

□制作スタイルの把握と改善

浦河氏は、主に企業向けのホームページのデザインや制作を行うWEBデザイナーです。WEBデザイン会社で経験を積んだのち独立、フリーランスのデザイナーとして活動しています。

デザイナーは、個性やセンスを重視される職種であることから自分の価値をどこに求めるのがいいのか迷っていました。しかし、顧客のほとんどは企業であり、クリエイティブな発想より、よりビジネスの理解やサイトの目的などを重視することが求められると判断しました。

そのため、顧客が求めているデザインをいかに具現化できるかが自分の提供すべき本質的な価値になると考えました。

こうした観点に立つと、多くの企業向けデザインの経験が自身の大きな財産になっており、これからのビジネスにおいても優位性になります。また、迅速性も要求されることが多いことから、再利用可能なパーツの管理や提案モデルのストックなど自分の制作スタイルにも改善が必要であると考え、実践に至っています。

浦河氏のキャンバス

KP パートナー
制作会社

KA 主な活動
ホームページのデザイン・制作
提案書の作成
デザインモジュールの管理

KR 主なリソース
デザインセンス
デザイン経験
コミュニケーション力

C$ コスト構造
コンピュータ機器
デザインソフトウェア

www.businessmodelgeneration.com

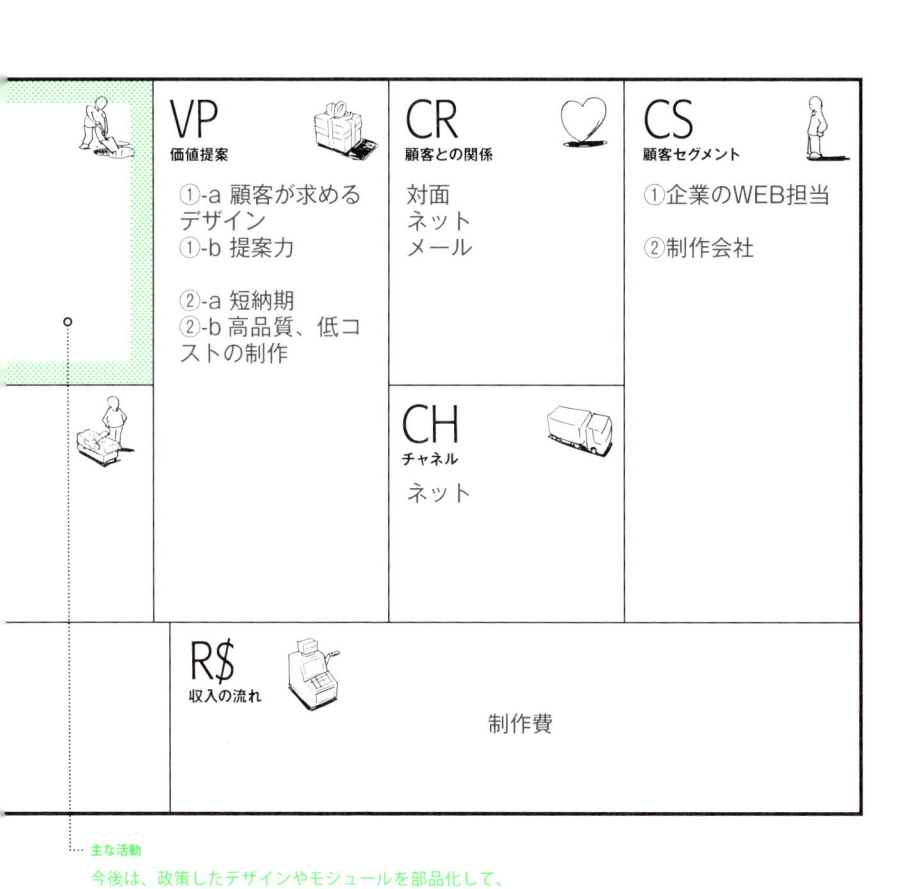

VP 価値提案	CR 顧客との関係	CS 顧客セグメント
①-a 顧客が求めるデザイン ①-b 提案力 ②-a 短納期 ②-b 高品質、低コストの制作	対面 ネット メール	①企業のWEB担当 ②制作会社
	CH チャネル ネット	

R$ 収入の流れ

制作費

主な活動
今後は、政策したデザインやモジュールを部品化して、管理するなどの新たな仕事に生かせる活動を追加していくことで、より顧客のニーズに対応できるようになると考えました。

サンプル9
医療事務スタッフ〜天職の認識と転職〜
□主なリソース　□主な活動

新井氏は、病院の医療事務スタッフとして勤務していました。医療事務の業務には不満もなくなんとなく数年が過ぎていました。しかし、自分のキャンバスを描くことで、どうしたらもっと満足感の得られる毎日にできるのかを考えるきっかけとなりました。

個人のキャンバスでは、自分のリソースを見つめ直し、本来の性格や関心事にフォーカスすることも重要です。自分の関心事であれば、自然と長続きしますし、頑張る原動力になるわけです。もともと動物が好きだった新井氏は、同じような職種で、自分の関心を満たす職場がないか検討することにしました。

その結果、同じ医療事務のノウハウを活用できる場所として、医療事務と受付を兼務する動物病院への転職を実行しました。業務内容は以前の経験を活かせる他、動物に触れる機会が多くなり、また動物好きな人たちとのコミュニケーションが増えたことに満足感を得ることができました。

新井氏のキャンバス

KP パートナー	KA 主な活動
	受付、接客
	会計、医療事務
	KR 主なリソース
	医療事務経験
	動物好き
	明るい

C$ コスト構造
時間的な拘束が長い（緊急性や忙しさ）

www.businessmodelgeneration.com

VP 価値提案 ①-a 不安をやわらげる ①-b 正確な事務手続き ②ひとりで複数の業務をこなす（費用対効果）	**CR** 顧客との関係 対面 **CH** チャネル 病院	**CS** 顧客セグメント ①ペットの飼い主 ②動物病院のオーナー

R$
収入の流れ

給料
満足感（楽しさ）

主なリソース

自身のリソースにフォーカスすることで、自分らしい働き方を獲得できました。しかも、スキルとして獲得してきた医療事務の経験を生かせる職場を見つけたことで、個人のキャンバスの調和が取れるようになりました。

付録

Appendix

ビジネスモデル・ジェネレーションの
理解を深める参考書とツール紹介

index

ビジネスモデル・ジェネレーションの理解を深める参考書とツール紹介

アントレプレナーの教科書

スティーブン・G・ブランク著、
渡邊哲、堤孝志訳
翔泳社　2009

UCバークレー、スタンフォードの超人気「起業」講座！シリアルアントレプレナー（連続起業家）による、ベンチャー立ち上げ方法論の集大成。BMGで描いたコンセプトを実現するプロセスを実践的に学べます。

クリエイティブの授業
STEAL LIKE AN ARTIST
"君がつくるべきもの"をつくれるようになるために

オースティン・クレオン著、
千葉敏生訳
実務教育出版　2012

BMGのキャンバスに、自由な想像力で絵を描くための準備運動にぴったり。先人の優れた作品の「コピー」からはじめる、など、クリエイティブな人生を送るための10原則を紹介。気軽に読める、すてきな本です。

ゲームストーミング
―会議、チーム、プロジェクトを成功へと導く87のゲーム

Dave Gray、Sunni Brown、James Macanufo著、
野村恭彦監訳、武舎広幸訳、武舎るみ訳
オライリージャパン　2011

アイデア出しには、分析ではなくゲームが効く！会議やワークショップを効果的に、すばやく、そして楽しく進める「アナログなゲーム」を80種類以上も解説。デザイン思考を身につけるための実践的なガイドブックです。

リーン・スタートアップ
―ムダのない起業プロセスでイノベーションを生みだすのゲーム

エリック・リース著
井口耕二訳
日経BP社　2012

「ピボット」「MVP」……スタートアップの成功に欠かせない重要概念が満載！顧客が求める製品・サービスを、より早く生みだし続けるための方法論。キャンバスで描いたプランを実現・検証する手順（フィードバックループ）が理解できます。

Personal MBA
――学び続けるプロフェッショナルの必携書

ジョシュ・カウフマン著、
三ツ松新監修、渡部典子訳
英治出版　2012

数千冊分のビジネス書のエッセンスを凝縮！古典的なMBAの知識はもちろん、最新のトレンド・研究成果までをまとめた究極の独学書。MBAに興味がある方だけでなく、すべてのビジネスパーソンにおすすめです。

ハイ・コンセプト 「新しいこと」を考え出す人の時代

ダニエル・ピンク著、
大前研一訳
三笠書房　2006

先の読めない、不確実な時代。まともな給料をもらうために必要とされるスキルとは？この難問に真正面から答えた稀有な一冊。6年前に刊行された本ですが、今こそが読み時です。

発想する会社！
-世界最高のデザイン・ファーム
IDEOに学ぶイノベーションの技法

トム・ケリー、ジョナサン・リットマン著、
鈴木主税、秀岡尚子訳
早川書房　2002

世界一のデザイン・コンサルティングファームが明かす「イノベーションの技法」。「IDEO」のゼネラルマネジャーがヒット商品の秘密を余すところなく解説。デザイン思考、イノベーションに興味のある方は必読です。

ワーク・シフト
――孤独と貧困から自由になる働き方の未来図〈2025〉

リンダ・グラットン著、
池村千秋訳
プレジデント社　2012

忙しく働く毎日の中で見失いそうになる、自らの方向性。2025年、どう働き、どう生きるか？この本を読む中で、様々な選択肢の中から自分にとって重要なことを選択し、確かな思いを持ってシフトしてゆくことができます。

ビジネスモデル・ジェネレーションの理解を深める参考書とツール紹介

イノベーションと企業家精神

P.F. ドラッカー著、
上田淳生訳
ダイヤモンド社　2007

BMGでご自身のビジネスモデルを創られるかもしれませんね。しかしあなたのビジネスモデルも、いずれはありきたりなものになりがち。変化を味方にするには勇気と方法が必要です。その両方がこの本につまっています。

アイデアのちから

チップ・ハース、ダン・ハース著、
飯岡美紀訳
日経BP社　2008

違います！アイデアの出し方の本ではありません。あなたの言いたいことを相手に響かせるためのテクニックが書かれています。この本の6つの原則を使ったプレゼンで「すごい！」と上司や同僚を言わせてみませんか？

1年後に夢をかなえる読書術

間川清著
フォレスト出版　2012

BMGであなたの隠れた才能と出会ったその後はこの本であなたにピッタリの本と出会おう！『1年後に…』は本と出会うための本です。本と出会うために今すぐすることは…とにかく、本屋へ行きましょう！

ウェブはグループで進化する
ソーシャルウェブ時代の
情報伝達の鍵を握るのは「親しい仲間」

ポール・アダムス著、
小林啓倫訳
日経BP社　2012

集客の苦労とはサヨナラ!? あなたが好きで得意な事をトコトン楽しもう。友人にそれが欲しいと言われたら惜しみなくプレゼント。親しい仲間を増やし熱烈なファンを自然に集めるための実践バイブルです。

描いて売り込め！
超ビジュアルシンキング

ダン・ローム著、
小川敏子訳
講談社　2009

ラクガキで問題を解決する！今話題の『ザ・プレゼンテーション』『ビジネスモデルジェネレーション』の著者たちがこぞって利用しているビジュアルシンキング。このビジュアルシンキングの本家、ダン・ローム氏の大ヒット作です。

4日で使える 実践！
超ビジュアルシンキング

ダン・ローム著、
小川敏子訳
講談社

『描いて売り込め！超ビジュアルシンキング』の続編。タイトルの通り、4日間でビジュアルシンキングのスキルを身に付けられるように構成されています。前作同様にわかりやすい手描き図がたくさん掲載されています。

エスケープ・ベロシティ
キャズムを埋める成長戦略

ジェフリー・ムーア著
栗原潔訳
翔泳社　2011

過去の成功法則の呪縛から解き放つエスケープベロシティ（脱出速度）。将来イメージからフレームワークの活用。本書の力の階層は、個人企業ともに、千載一遇のチャンスを逃さない、必須のフレームワークです。

ザ・プレゼンテーション

ナンシー・デュアルテ著、
中西真雄美訳
ダイヤモンド社　2012

BMGがわかったら次に高めたいプレゼン力！その最良の一冊が人を魅了するプレゼンの型が書かれたザ・プレゼンテーション。アル・ゴアやTEDなど数々の名プレゼンを制作したナンシーから学んで世界を動かしましょう！

ビジネスモデル・ジェネレーションの理解を深める参考書とツール紹介

シンクロニシティ
未来をつくるリーダーシップ

ジョセフ・ジャウォースキー著、
金井壽宏監修、野津智子訳
英治出版　2007

この本は自分の夢に向かって動くと、現実にどうなるのか？の答えが書かれています。人生を充実させたいけど、才能もお金もないと一歩を踏み出せない方にとって、最良の指南書として手放せない一冊です。

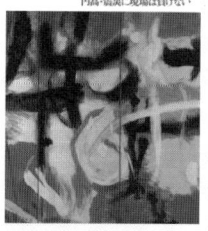

ものづくりからの復活
円高・震災に現場は負けない

藤本隆宏著
日本経済新聞出版社　2012

震災、原発事故、円高、先進国の経済不安、新興国の台頭など、日本経済を取り巻く厳しい環境の中、ものづくりの視点からみた日本復活のカギとは？日本のものづくりをBMGしたといっても良いでしょう。

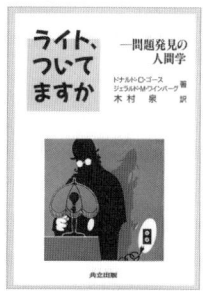

ライト、ついてますか
―問題発見の人間学

ドナルド・C・ゴース、G.M.ワインバーグ著、
木村泉訳
共立出版　1987

1980年代の名著"Are Your Lights On?"邦訳。30年後の今、人生がドライブなら、まさにトンネルを抜ける瞬間、次の標識を目にするでしょう。ワインバーグのユーモアあふれる文章。問題発見・問題解決の思考法に興味がある方はぜひ。

アイデアのつくり方

ジェームス・W・ヤング著、
今井茂雄訳
阪急コミュニケーションズ　1988

1965年の日本語初版から半世紀の歴史を持つ不朽の名著。知的発想法のロングセラーです。著者のジェームス・W・ヤングは、広告代理店の仕事を営んでおりアイデアを継続的に生産する方法を公式化して発表したのが本書です。

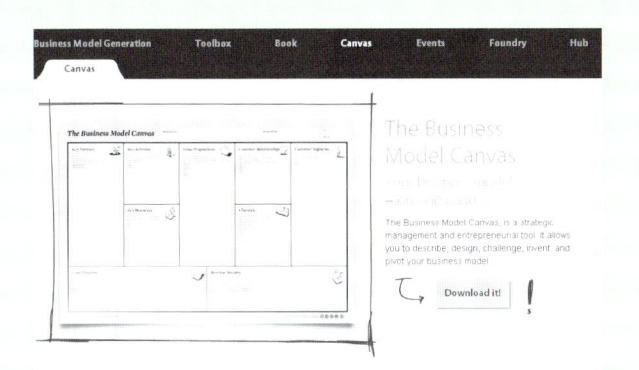

BMGキャンバスのPDF（英語版）

businessmodelgeneration.com
URL：www.businessmodelgeneration.com/canvas

公式サイトbusinessmodelgeneration.comでは、原書の販売や、関連ツール、世界中のBMG関連ニュースやイベント情報などが掲載されています。また、「Canvas」ではBMGキャンバスのテンプレートPDF（英語版）がダウンロードができますので、ぜひ利用してみてください。

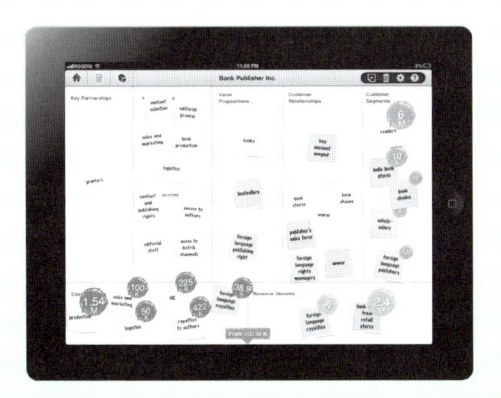

iPad版キャンバス

businessmodelgeneration.com
URL：www.businessmodelgeneration.com/toolbox

iPad版キャンバスは年間30000人が利用しており、少人数での議論やシミュレーションに適しています。キャンバスのスケッチ機能以外に見積もりや、収益性のテスト機能などが搭載されています。世界中の起業家やコンサルタントが利用しています。

本書内容に関するお問い合わせについて

このたびは翔泳社の書籍をお買い上げいただき、誠にありがとうございます。弊社では、読者の皆様からのお問い合わせに適切に対応させていただくため、以下のガイドラインへのご協力をお願い致しております。下記項目をお読みいただき、手順に従ってお問い合わせください。

●ご質問される前に
弊社Webサイトの「正誤表」をご参照ください。これまでに判明した正誤や追加情報を掲載しています。
正誤表　http://www.shoeisha.co.jp/book/errata/
●ご質問方法
弊社Webサイトの「刊行物Q&A」をご利用ください。
刊行物Q&A　http://www.shoeisha.co.jp/book/qa/
●郵便物送付先およびFAX番号
送付先住所　　〒160-0006　東京都新宿区舟町5
FAX番号　　　03-5362-3818
宛先　　　　　（株）翔泳社 愛読者サービスセンター

インターネットをご利用でない場合は、FAXまたは郵便にて、下記"翔泳社 愛読者サービスセンター"までお問い合わせください。電話でのご質問は、お受けしておりません。
回答は、ご質問いただいた手段によってご返事申し上げます。ご質問の内容によっては、回答に数日ないしはそれ以上の期間を要する場合があります。

●ご質問に際してのご注意
本書の対象を越えるもの、記述個所を特定されないもの、また読者固有の環境に起因するご質問等にはお答えできませんので、予めご了承ください。

※本書に記載されたURL等は予告なく変更される場合があります。
※本書の出版にあたっては正確な記述につとめましたが、著者や出版社などのいずれも、本書の内容に対してなんらかの保証をするものではなく、内容やサンプルに基づくいかなる運用結果に関してもいっさいの責任を負いません。
※本書に掲載されているイメージなどは、特定の基づいた環境にて再現される一例です。
※本書に記載されている会社名、製品名はそれぞれ各社の商標および登録商標です。

著者略歴

今津美樹（いまづ・みき）

ウィンドゥース 代表取締役　ITアナリスト
ソニックス　グローバルマーケティング本部長兼チーフマーケティングオフィサー
米国系IT企業にてマーケティングスペシャリストとしての長年の実績と20カ国以上におよぶグローバルでの経験による、マーケティングアウトソーサー「ウィンドゥース」の代表を務める。ITを活用したマーケティングに関する講演・企業研修など幅広く活動し、ITアナリストとしてラジオ解説、執筆活動・解説・書評等多数。BMGワークショップファシリテーターとして数多くの企業研修を手掛けるほか、日本代理店として原著者ティム・クラークと日本におけるBusiness Model Youの普及推進を行う。明治大学リバティアカデミー講師。

STAFF

装　丁	和田奈加子（round face）
マンガ／本文イラスト	福士 徹
DTP／データ協力	小田恵美
編　集	江種美奈子（翔泳社）

図解
ビジネスモデル・ジェネレーション
ワークブック

2013年4月8日　初版第1刷発行

著者	今津美樹
発行人	佐々木 幹夫
発行所	株式会社 翔泳社
	（http://www.shoeisha.co.jp）
印刷・製本	日経印刷株式会社

©2013　Miki imadu

●本書は著作権法上の保護を受けています。本書の一部または全部について、株式会社 翔泳社から文書による許諾を得ずに、いかなる方法においても無断で複写、複製することは禁じられています●本書へのお問い合わせについては、174ページに記載の内容をお読みください●落丁・乱丁はお取り替えいたします。03-5362-3705までご連絡ください

ISBN978-4-7981-3106-1　Printed in Japan